U0142667

楊維哲教授的數學講堂

代數 是什麼?!

第三版

$$x^2 - y^2 = (x - y)(x + y)$$

$$ax + by = C$$

$$ax^2 + bx + C = 0$$

五南圖書出版公司 印行

PREFACE

［序言］

　　這本小書是我們的中學數學資優序列的第一冊，主題當然是代數。

　　退休之後，很幸運的到濱江國中與一群小孩子每週有兩節見面的機會，兩年下來，我已準備了許多講義，這就是這序列的直接動機。當然這些小孩子給我許多快樂，尤其當我作了某種嘗試，果然成功時；但是也經常有挫折感！不是我的教法的問題，（我一定是第一流的教師，放心！）也不是學生學習的問題，（這群小孩子，在輔導室眼中是數學菁英！）而是更大一點的環境，有些問題！

　　我覺得：他她們，最重要的資源就是「時間」，而這些可憐的資優生，資源被嚴重地剝奪了！有人說：問題出在父母「太關心孩子！」我的說法是：「這不是問題，因為我從前也很關心孩子」；問題出在：父母「太關心孩子的升學！」（就多了三個字！）

　　我不是勸家長「不要關心孩子的升學」，否則就是「荒謬的高調」了！但是，對家長，我有誠懇的建議：你對孩子，應該要有一點點自信，你對教育，也要有點常識！甚麼常識？「注重效率」！你常聽到「錢要用到刀口上」，對的！那麼，孩子的時間（精力），也要用在刀口上吧。

　　我發現：幾乎所有的教師，所出的作業習題，量太多，都遠超過學生所需！遠超過學生所能負荷！更加可恨的是：這些教師，並不是花精神出作業，而是一個命令，家長就得買那些「講義」（=測驗卷，書店出的！），學生就要做！這是最輕鬆的害人法，而受害者以及他她們的父母還千恩萬謝！

作業之外還有考試，小考小測，越考得多，家長就相信這個老師越認真！？我認為應該規定：「（一節課 45 分鐘，）只要一個測驗 5 分鐘，老師薪水就應該扣一成一，考一刻鐘，就扣薪 $\frac{1}{3}$。」許多家長只相信「多」：多做習題演練，多多考試演練，多多補習，把能夠考的東西都練習過，這是為了我家孩子將來的考試勝利，最好的戰略。

我要說的是：對於你的孩子的考試，這個戰略是不太高明的！而對於你的孩子的讀書學習，這個戰略不但是不太高明，其實是非常糟糕！這是「糟蹋資優」最有效的戰略。

可是這種心態卻是那麼普遍！我用教科書的爭議做例子來說明。三十年前，高中數學有四種教科書，有人統計其「市場佔有率」，結果，四種書的佔有率，加起來是 195%。你想：這個加法有沒有問題？沒有問題，因為大部分的學校用兩種課本。（我一個正常人、正常的老師，實在無法理解，要如何使用兩種教科書。若是英文，一本 Reading＝閱讀文章，一本 Grammar＝文法，兩本合起來才是一科；而「實驗本」與「東華本」卻是講完全一樣的題材！）「用」兩種課本，意思只是買兩種課本，家長多花錢，而且更感謝學校的校長，或教務主任，或學科主席，那個做此決定的人。沒有一個家長出面抗議（或者「質詢」一下？）。家長自動地認為：學校一定是為我們孩子著想！

萬一有個家長真的出面質詢，老師或者別的家長一定辯稱：我們判斷將來的聯考，出題者也許用「實驗本」，也許用「東華本」，因為這樣，兩種都用才安全！這樣的家長，對教育沒有常識，因此受欺，也因為這樣的家長，對教育沒有常識，那個做此決定的人，敢欺負你。

實際上，聯考的根據應該是課程標準，不是課本；課本都經過審訂合格，合乎課程標準；因此應付聯考，絕對沒有問題，斷然不會說，這個考題，這本教科書才有那本沒有。四種教科書，也許有「好」、「壞」（如：是否流暢可讀），那是擇定課本的人之判斷，當然權力就是責任。獨獨「選擇兩種教科書」，絕對是「不負責任」！

　　那現在是這個郝市長要替你作決定：一綱一本。他是一舉兩得。最主要的目的是「奪權」，教育部說「一綱多本」，我就是說「一綱一本」，而且是我說了算，我贏！請看今日之域中，竟是誰家天下。另一方面，這是「譁眾取寵」：我是為眾多的家長們著想！減輕你們的負擔，不用買那麼多種教科書。

　　六百多年前，洪武皇帝為了眾多的應考（作官）的聯考生著想，欽定一本四書集注，大大減輕考生的負擔，不用買那麼多種教科書。真是皇恩浩蕩！現在尺度不同，（大明十八省，有中華民國的版圖三分之一；考試標的也不同：一則考上了可以當官發財，一則考上了可以讀高中，將來可以「更容易」應考下一個考試！）但是服務百姓的熱忱（＝三作牌精神）是一樣的。可以譁眾取寵的根據，只是：「對教育毫無常識的家長，可欺！應欺！」。

　　對教育，要有點常識：如果讓孩子覺得讀書那麼痛苦，書當然讀不好；其實每個孩子天生都是資優的。小孩子需要有「時間的餘裕」，才能夠優哉悠哉的學習，效率才會高。題目不必多，可以稍微難一些，讓他們用心思考，這就達到教育的目的：他們會變得有自信，做事情（如考試）能認真堅決。

　　初中是資優生智慧發展的關鍵期，思考方式由具體操作轉向抽象連繫，而數學科則是最關鍵的學科。數學科是最特別的學科，因為它是全然可以「獨立學習」的！關心子女教育，關心子女升學的家長，常常已體認到數學非常重要，結果是讓孩子補習過頭，習題演練過頭。這些家長的心裡還常有一個理由：「雖然我家孩子，看起來資質不差，但是考試難免作錯，總拿不到滿分；所以可見磨練不夠！」

　　學數學，最好的複習方式是：「讀向前」！數學不是「溫故知新」：一次方程式讀得再多，作了一萬道習題，也「知」不了二次方程式。數學通常是「讀新自然溫故」。讀新的題材，強迫你在腦中搜索有關的記憶，找出關聯的與有用的知識；於是你的理解就更深一層，你就更會活用。甚至於連計算上的粗心，也隨著成熟度的提升而漸漸可以改善。

　　本著如上所說的認識，我們這序列的小書，不是遵照課程標準而寫的教科書，而是副教科書，是給中學資優生獨力向前邁進的補充讀物。不但是不必送審，事實上，不論課程標準怎麼改，我們這序列的小書，都可以保持功能！

對象讀者說是「初中資優生」，其實我根本認為「人人是資優生」，「人人可以是資優生」，即使段考六十分，只要你自認為不笨就夠了！對於資優生，我的建議是：你有教科書，你不必等老師上課教！自己就可以讀；書上有「隨堂練習」加「自我評量」，你就全部做！除此之外，你不須再做額外的習題！你應該拒絕額外的習題！讀完了一冊課本，就向老師或輔導室求取下一冊來讀！

另一方面，閱讀我們的這個序列，也是一個可行的辦法：獨立自修，書的最前面可能是你已經學會了的材料，那就輕快讀過或跳過；（一個簡單的辦法是，選做一兩題習題，你馬上可以判斷，這是否需要讀；）等到找出你的「出發點」之後，就開始認真讀，不要跳來跳去！（數學是有系統的！）習題就必須認真做，寫在很正經的簿子上，練習「清晰地表達你的思路」，而不是練習「快＝潦草」。

在過去的四、五年，我在台大有很有趣的經驗：平常學期，我教「資優微積分」，到了暑假，我教「資劣微積分」；資優微積分的正式稱呼是「微積分優」（Honour Course of Calculus），並非學生「資優」，只是表示學生的「學習動機強烈」；「資劣微積分」，並非學生「資劣」，只是對授課教授的嘲謔。（暑修班，有些學生不到一成，是為了將來留學，自己在暑假加選，這一定是動機強烈，是資優生；其它絕大多數都是必修課被當的重修生。）不論如何，我認真教，而學生的學習效果也非常可喜！（他們並不資劣，只是預備知識有缺，而且「學習動機低下」，一上了台大，先學會翹課，就被當了；但是到了暑修，對很多人是破釜沈舟，學習動機不須懷疑。）

結論是，對我來說，「資優，資劣」，並無區別！只有一個區別：你假定他她們有多少預備知識。因為這個緣故，我甚至於認為：如果你是一個家長，而你的孩子正就讀七年級八年級，而似乎「大腦的數學細胞不足」，你可以叫他或她，讀這一小冊。（畢竟，在這個階段，談不上甚麼預備知識，一切從零開始！）你不必煩惱一綱一本或一綱多本甚或無綱多本，（煩惱那個真是作虛功！）叫他「慢慢地讀這本書，一題一題作！」，你會發現他進步很快。

謝詞

這一序列小冊子的出現，我們必須感謝這些人：

首先是一些濱江人，我只枚舉領導的蘇萍校長，李世宏主任，羅月娥主任，以及李玉華主任，她他們盡力給我舒適的濱江環境。

感謝活潑可愛的濱江學生，給予這個沒有孫子的教授，很大的快樂。

有些濱江家長，非常熱心的幫助我！盛情可感！

濱江辦了兩次寒假的數學營，最簡單的整數論及最簡單的解析幾何，就變成這系列的另兩冊，那麼我還要再次感謝那些濱江人，尤其輔導室與數學科的同仁。

最後我要特別感謝我最好的兩個朋友：建中退休教師吳隆盛，與「同室」蔡聰明教授，他們長期地在數學教育方面，有深入的觀察與思考，而經由長期的討論，影響到我，有時是糾正我。他們也願意幫我校讀這些小書。

楊維哲　2007 秋

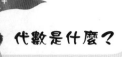

再版附記

- 還好這一次需要訂正的只有兩處。是（湖濱小小班的）廖有朋、黃芊褘找到的。

- 追加了一小章附錄：從算術到代數。這是給小六生演講的稿。所以拿到本書之後，先讀這個附錄也是一個辦法。

- 解釋一下為什麼這系列的書以湖濱命名。

  一是懷念：我們台大數學系館本來就是在醉月湖邊的。在此我度過 40 年以上。

  二是景仰：湖濱散記是高人 H. D. Thoreau（梭羅）的《Walden》一書漢譯本的書名。

  三是標誌：家裡面把我退休後認識的這幾個小朋友，稱為湖濱班。濱是濱江國中的于娟、沂萱、炫豪、睿洋，內是內湖國中的品衣。

十年前認識你們，這給我們家帶來了那麼多的笑聲！

楊維哲　2017 年春

CONTENTS

$$\left[\text{目録}\right]$$

序言

算術的複習　　①

一次方程式　　㉟

3 CHAPTER

多項式 　53

二次方程式 ⑧³

二次方程式論的衍生 ⑩⁹

CHAPTER 1
[算術的複習]

1.1 楔子——代數與算術

【x】

很多人都聽說過：代數就是「出現有 x 的算術」。或者說：代數就是「一堆公式，出現有 x」。

【和差問題】

有趣而且最簡單的問題是：有一大一小的兩個數，相加得「和」（sum）23，相減得「差」（difference）9，求兩數！

$$\begin{cases} 大 + 小 = 23 \\ 大 - 小 = 9 \end{cases}$$

兩式相加：大 + 大 = 32，大 = 16

兩式相減：小 + 小 = 14，小 = 7

所以你已經在作代數了！雖然只有一個小小的「習慣」，（或者說「規定」），你的答卷上寫：

今大數為 x，小數為 y，於是：

$$\begin{cases} x + y = 23 \\ x - y = 9 \end{cases}$$

兩式相加：$2 * x = 32$，$x = 16$

兩式相減：$2 * y = 14$，$y = 7$

當然你已經得到和差問題的公式：

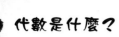
$$\text{若}\begin{cases}x+y=s\\x-y=d\end{cases},\ \text{則}\begin{cases}x=\dfrac{s+d}{2}\\y=\dfrac{s-d}{2}\end{cases}$$

所以代數比算術簡單！（下一節起複習一些算術。）

1.2 加減乘除

【四則運算】

當然你懂得加減乘除！知道不可以用零去除任何數！

【加法與減法】

我們最先學的運算是「加法」。而我們的「理解」，剛開始是「個數」的相加：「2 個柑子與 3 個柑子，合起來有 5 個柑子」，「2 顆荔枝與 3 顆荔枝，合起來有 5 顆荔枝」，這是很具體的，而且可以具體地「點算操作」！

當然也很快就有「逆運算」即「減法」的出現！例如：「7 顆荔枝，吃掉 3 顆，只剩 4 顆」，或者，「冰箱裡原本 7 個柑子，拿出來 3 個，（3 人，各吃了 1 個！）只剩 4 個柑子」。

漸漸「抽象化」，而得到：

$$2+3=5；7-3=4$$

從「具體」到「抽象」，這個進步，其實是很大很重要的一大步！

【量綱與單位】

我們也學會：「不同類的東西不能相加」！若有「3 個柑子，與 5 顆荔枝」，你把它們加成 $3+5=8$，並無意義！

更進一步，你也知道：3 公尺和 6 公斤，不能相加，因為，「公尺」是長度，「公斤」是重量，不同類！以下，這裡所謂的「類」別，我們將用一個很文雅的稱呼，「量綱」。所以，「長度」與「重量」，是不同的量綱，因此不能相加！

但是，2.3 公尺與 4.2 呎，卻是可以相加的！當然不是用 2.3 + 4.2 = 6.5。實際上，它們是「同量綱」，都是長度！但不是同樣的單位！必須換算！

因為 1 呎 = 0.3048 公尺，4.2 呎 ≈ 1.280 公尺，就算出

$$2.3 \text{ 公尺} + 4.2 \text{ 呎} \approx 3.580 \text{ 公尺}$$

在日常生活中，在學習理化時，我們經常要用到<u>單位換算</u>。這當然是乘（除）法運算的最簡單（最常用到！）的應用。

例題 1 計算 3 + 4 + 3 + 3 + 3 + 4 + 3 + 4 + 4 + 3 = ?

解 3 出現 6 次，4 出現 4 次，因此 = 3 * 6 + 4 * 4 = 18 + 16 = 34

我們用到加法可縮律，所以 ((3 + 4) + 3) + ⋯ = 3 + ((4 + 3) + ⋯)

我們用到加法可換律，所以 3 + ((4 + 3) + ⋯) = 3 + ((3 + 4) + ⋯)

於是乎經過極繁瑣的步驟，終於變成 (3 + 3 + 3 + 3 + 3 + 3) + (4 + 4 + 4 + 4)；

但是，你一點兒也沒有感覺到其間的繁瑣！（你已經完全習慣了！）

你的工作只剩下「點算」！

【乘法】

於是，再用：<u>乘法是加法的速算</u>，就得到答案了！

例題 2 計算 3 + 4 + 7 + 6 + 8 + 9 + 2 + 1 + 6 + 5 + 4 + 5 = ?

解 用鉛筆，把「互補成對」的鉤連起來：(3 , 7)，(4 , 6)，(8 , 2)，(9 , 1)，(6, 4)，(5 , 5)，得到答案：60；你的工作只剩下「點算」！這也是用到可換律、可縮律！

例題 3 計算 25 * 35 * 12 * 2 = ?

解 乘法也有可換律、可縮律！

最少要記得：

2 * 5 = 10；4 * 25 = 100；（美國有硬幣 quater = 25cents）

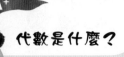

$15*2=30$，$35*2=70$，$45*2=90$，或者：$\frac{3}{2}=1.5$，$\frac{7}{2}=3.5$

所以：上式 $=25*35*(4*3)*2=(25*4)*(35*2)*3=100*70*3=21000$

【分配律】

在四則運算中，也許最重要的是「乘法對加法的分配律」：

$$(x+y)*z=x*z+y*z$$

推廣為：

$$(x+y)*(u+v)=x*u+y*u+x*v+y*v$$

 $12*13=156$

 縱式寫法是

$$
\begin{array}{ccc}
 & 1 & 3 \\
*) & 1 & 2 \\
\hline
 & 2 & 6 \\
1 & 3 & \\
\hline
1 & 5 & 6 \\
\end{array}
$$

其實這個計算法已經用到分配律！就等於說：

$$x=10，y=2，u=10，v=3$$

註 所有的縱式乘法都用到分配律！

習題（縱式計算）：

(1) $234*13579$

(2) $121212*98759$

(3) $16731232632 \div 4456908$

(4) $47382176*125$

1.3 負數

【負數的意義】

例如說：甲乙兩店有複雜的金錢來往，年度末要計算清楚，那麼就一款一款的計算！若是規定：甲欠乙的金額為正，計算出

$$23 + 41 - 37 - 62 + 27 - 11 - 43 = -62 （單位：萬元）$$

那麼，甲欠乙 -620000 元，意思是：乙欠甲 62 萬元！

【座標】

例如說：古時候，縱貫線只是從屏東到花蓮（不理會支線！），那麼鐵路局可以擇定某站，例如彰化，為基準點（＝原點）；任何一站就給以一個「座標」，以「鐵路距離」計算！但是這就須要確定「正負向」，例如說以「往北」為正，鐵路局稱為「上行」！（其實基隆再上行，就是先「往東」，轉成「往南」了！）這時，台北的座標為正，但高雄的座標為負；溫度計的刻度也是有正負！「負的溫度」代表「零下」。

如果你喜歡下棋，就知道：棋力也有「座標」，也就是「段位」：2 段比 1 段「強」，3 段比 2 段「強」，等等，9 段比 8 段「強」；（7 段以上才稱「高手」。）但是不入段的呢？用「級」：1 級比 2 級「強」，2 級比 3 級「強」，等等；所以我認為應該規定：「零段」＝「零級」，那麼：「－3 段」＝「3 級」；「－4 段」＝「4 級」；就非常方便了！

【負號與減號，直線上的座標】

$4-3$ 大概讀成「四減三」，而 -3 大概讀成「負三」，後者是把負號看成「形容詞」，而前者是把減號看成「動詞」。

我們也可以用座標來思考。畫一條直線，在其上選好一點 O，稱之為<u>原點</u>，另外再選一點 A，稱之為<u>基準點</u>，或<u>單位點</u>；這就完成了這條直線上的一個座標系！例如說，如果在線上另有 B，C，D 諸點，而長度 $OA = AB = BC$，那

麼我們就說：（對於這個座標系來說！）B 的座標是 2，C 的座標是 3，D 的座標是 4，等等，或者更乾脆些：B 就是 2，C 就是 3。

$$B=2，C=3，D=4，A=1，O=0$$

如果畫成橫線，而（習慣上）A 在 O 的右側，那麼在這一側的點，（座標）都是正的！而在另一側（左側）的點，（座標）都是負的！因此 -3 就代表了一點！

那麼，減號是「動作」：從 D 點，「往左移動 3（步）」，就到達 A 點：$4-3=1$。

【減法】

人們把減法看成是加法的反運算是非常自然、非常簡單的一件事。計算 $4-3$，原意是：要找一個數，使得「它加上 3」，會得到 4；

用代數的寫法，就是：求 x，使得：$x+3=4$。

我們所說的「自然數」，就是 $1，2，3，\cdots$，這些正整數，剛開始是為了「點算」，因此並不包含「零」！發明「零」，是為了讓 $x+4=4$ 有解答，同樣地，發明負數 -3，是為了讓 $x+4=1$ 有解答！

如果以我們剛剛所舉的座標直線為例子，假設某人的「步幅」相當均勻，而他的一步可以取做座標直線上的「單位長度」，即是上述的 $OA=AB=BC=CD=1$；那麼，代數上，「求 x，使得：$x+3=4$」，就可以解釋為：它從某一位置 x，（往右）走了 4 步，到達 $C=3$ 的位置，求本來的位置 x。（當然這就是在 O 的左側，與 O 相距一步處。）

【括號】

你只要練習「負負得正」，以及括號！在小學時，老師常常強調：括號有三種，「大括號是紐括號，中括號是框括號，小括號是括弧」；實際上冊寧說這是錯誤的說法！一切記號，都是「規約」，都是「約定俗成的」！是「寫的人」與「看的人」之間的約定！所以：

● 大概「不出這三種」！

● 括號的功用就是強迫你「先做這件事！」，所以順序上是<u>由內到外</u>！絕

對不是「先做小括弧，其次中括號，最後做大括號」：

$$13 - (2*[5+7-2*\{3-2+1\}]/4-3) = ?$$

● 有些數學軟體，三種括號有不同的用途！很可能只准許你其中之一作為括號，另兩種就不是平常的括號（強迫工作順序）。

習題

(1) $3+5-6*7*(2-4*5)/3$

(2) $5-((2+3)*6/(10+6*(2-3)*(9-7)))$

1.4 除法

【人為萬物之靈】

因為人懂得數學！一個小孩子，語彙中開始有數目，不久，又懂得一些加減，他她已經比大部分的動物聰明了！

當然這時候他她能夠做的計算，非常有限：買幾件東西，金額不大，他她能夠計算總價；但是真正有用的算術是乘除。

【單價】

在日常生活中，最常用的最實際的一個概念是「單價」，（一斤多少錢，一個多少錢，）也因此我們（的爸爸媽媽）經常在做乘除的計算：「買 3 斤，要多少錢？」，或者顛倒說，「預定用多少錢買，那麼可以買幾斤？」；前者是乘法，後者是除法。

【精確與近似】

「包子一個 15 元，7 個多少錢？」，老闆說只要 100 元，因此有人說：「數學算出來的 105 元是錯的！」

實際上，「少算幾塊錢」，或者「打個折扣」，這不是數學，而是社會科學（或者說是心理學）的現象，當然不能說：「數學是錯的，數學沒有用！」，

反倒應該說，數學也教給我們（或者說：那位老闆！）正確的「近似」概念，讓我們處理事務時更有效率！

考慮這兩件事：「數數看，現在教室內有幾個人」，「稱稱看這把香蕉有多重」，前者的答案必須是自然數，如果聽到的回答是 17.6，那是太奇怪了！

註 當然也可能聽到隨口而出的回答：「十七、八個人！」，而且通常這表示那個回答的人，觀察力估算力相當好。

對於後者，即使答案是 4 斤，這個「四斤」的 4，和「四個人」的 4，意義完全不一樣！科學度量中的重量，答案是「4 斤」，就只是「差不多是 4 斤」，任何度量，一定只是「近似值」！

我小時候，最快樂的一件事就是吃葫蘆墩雪花齋的月餅，只見到爸爸兩刀的切割，就精確地分成四等份。（那是多麼美好的過去！）

數學上的 $\frac{1}{4}$，是精確的概念，我吃到的 $\frac{1}{4}$ 塊（月餅），是這個精確概念的「具體實現」，必然是近似的！

【有理數（分數）】

數學家發明分數的理由，和發明負數的理由是一樣的！在自然數之中找不到一個數可以「和 7 乘得 13」，（用代數的寫法，就是：求 x，使得：$x*7 = 13$，）那麼就發明 $\frac{13}{7}$，使得它「合乎（概念上的）要求」！發明分數，和發明石器一樣，是偉大的發明，只是它不具體，它是抽象的！

【分數翻轉原理】

例如說：

$$\frac{\frac{5}{24}}{1357} = \frac{5*1357}{24}$$

這個道理，相當於：

$$5 - (24 - 1357) = (5 + 1357) - 24$$

☞不要自己發明公式！你如果算出：

$$\frac{1}{2} + \frac{1}{3} = \frac{1+1}{2+3} = \frac{2}{5}$$

我就投降了！請不要讀這本講義了！

習題 計算下列各題：

(1) $\dfrac{2}{3} - \dfrac{7}{19}$

(2) $\dfrac{3}{5} + \dfrac{3}{\dfrac{5}{6} - \dfrac{3}{8}}$

(3) $\dfrac{43}{21} + \dfrac{2}{3 - \dfrac{4}{7} + \dfrac{9}{13}} * \left(\dfrac{13}{8} - \dfrac{11}{24} \right)$

(4) $\left(\dfrac{31}{54} - \dfrac{11}{27} \right) * \left(\dfrac{2}{5} + \dfrac{3}{7} \right) * \dfrac{35}{26}$

(5) $\left(\dfrac{3}{14} + \dfrac{5}{7} \right) \div \dfrac{\dfrac{8}{21} + 2}{\dfrac{2}{7}}$

例題1 植樹問題：（人人都知道：陷阱在哪裡！）

在 24 公尺的道路上，每隔 8 公尺種一棵樹，問一共種了幾棵？

 共分 $\dfrac{24}{8}$ 段，所以種了 4 棵。

例題2

在一段道路上，從頭到尾，每隔 16 公尺種一棵樹，問一共種了 86 棵，那麼這段路有多長？

 $16 * (86 - 1) = 1360$ 公尺。

例題3

在 200 公尺的一段道路上，要均勻地插 17 支「歡迎旗」，問兩旗之間隔為何？

$200 \div (17 - 1) = 12.5$ 公尺。

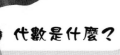

例題 4

在 300 公尺的小路上，每隔 40 公尺設置一支路燈，問一共有幾支？

 《解釋》有些問題，如「幾棵樹」、「幾個人」，答案必須是自然數，如果聽到的回答是(1＋7.5)＝8.5棵，那是太奇怪了！故本題應該說是無解！同理，30 個人，排成 4 排，每排人數一樣多，當然無解！

📖 單位的困擾

但是例題 3 有解！因為長度並沒有最小的單位！長度不是算「幾個」的！另一方面說，這裡有一個小小的困擾：答案要寫 $\frac{25}{2}$（公尺），或者 12.5（公尺），或者 12 公尺 5 公寸？

我的看法是：以實用的立場，寫成 12.5（公尺）比較好！

更重要的一點是：一個答案中混用了兩個單位，對思考絕對是一種妨害！不要用複名數！所以你可以寫 125 公寸，或 1.25 公丈，但不要寫「12 公尺（又）5 公寸」。（我建議：評分者，對於「125 公寸」，或「1.25 公丈」的答案要扣分，對於「12 公尺（又）5 公寸」的答案要扣更多分！）

要記住：題目使用了「公尺」做長度單位，通常你就「隨著它」！這是最合理的！若有另外的考慮，就應該使用「比較通行的單位」！（通行不通行，也是因時因地而不同！）

古時的漢文，以拾退法來說，長度單位是：里，引，丈，尺，寸，分，釐，毫。採用公制之後，多了個「公」字：公里，公引，公丈，公尺，公寸，公分，公釐，公毫。但是現在有幾個人知道 1 公引＝10 公丈＝100 公尺？

另外一個大困擾是：$1cm＝\frac{m}{100}＝1$ 厘米＝1「公分」，$1mm＝\frac{m}{1000}＝1$ 毫米 ＝1「公厘」，$\frac{m}{10^4}＝\frac{1}{10}$ 毫米＝1「公毫」，你說糟糕不糟糕！

我建議：用「厘米」，不用「公分」！用「毫米」，不用「公厘」！

例題 5

在 200 公尺的一段道路上，要均勻地插 16 支「歡迎旗」，問兩旗之間隔為何？

解 $200 \div (16 - 1) = \dfrac{40}{3} \approx 13.33$ 公尺

註 帶分數單位的困擾

也許有些小學老師會要求學生寫出答案：$13\dfrac{1}{3}$（公尺）

我認為「不妥」！要寫帶分數的話，寧可囉嗦一點寫成 $\left(13 + \dfrac{1}{3}\right)$，帶分數 $13\dfrac{1}{3}$ 要唸的話，就唸成「十三又三分之一」，其中的「又」字，應該是加法（「附加上」）！在初中代數，$a\dfrac{1}{3}$ 常常是 $a * \dfrac{1}{3}$。

寫帶分數 $13\dfrac{1}{3}$ 公尺，一個理由是類似於上述的「12 公尺（又）5 公寸」，解讀為「13 公尺又 $\dfrac{1}{3}$ 公尺」，也就是把 $\dfrac{1}{3}$ 公尺看成是補助單位。

註 補助單位

在（古時）漢文中，「度」是長度，這是最重要的物理概念！其基本單位為「尺」與「寸」，（上下兩軌！）情形很像下棋棋力的「段」與「級」：「段」是往上的，「級」是往下的：

「尺」是往上的，10 尺 = 1 丈，10 丈 = 1 引，10 引 = 1 里

「寸」是往下的，1 寸 = 10 分，1 分 = 10 釐，1 釐 = 10 毫

因為長度是最重要的最有用的物理概念，於是引申成：

$$分 = \dfrac{1}{10} \, , \quad 釐 = \dfrac{1}{100} = 1\% = 0.01 \, , \quad 毫 = \dfrac{1}{1000} = 0.1\% = 0.001$$

漢文中，「衡」是重量，或者質量，以「拾退」的說法，其單位是：（噸），擔，衡，斤，兩，錢，（克）。漢文中，「量」是容量 = 體積，以「拾退」的說法，其單位是：秉，石，斗，升，合，勺，撮。

註 貨幣：元與角是上下（兩軌！）的基本單位；借用長度的單位成為：

1 角 = 10 分，1 分 = 10 釐，1 釐 = 10 毫。

1.5 ★ 除法——速度

【英制】

雖然英法爭霸，英（美）佔了上風，但是，科學度量制度上，卻是以法國提出的萬國公制 SI 比較合理方便！要點是：輔助單位都是十進位！

【長度】

1 哩（英里，mile）= 1.609 公里；據說是 5280（英尺）呎，這當然不用記！

1 呎 = 30.48 cm，平常用 30 cm 來近似估計，誤差超過 1%。

我想，要記 1 哩 ≈ 1.6 公里，因為這有些用途，主要是用在（汽車的）速度換算上。

【速度】

車子在一段時間內走了多少路程，用時間去除，就是它的平均速度；所以使用這個概念，必須假定車子開得很平順，沒有「時快時慢」，才有意義！

例題 1

阿哲與阿雄兩老友住居相距 15 公里；某晨相約，於 7 點鐘同時出發，沿著兩屋的通路，相向而行；阿哲的步行速度是每小時 2.75 公里，而兩人在 10 點鐘於途中相聚，問阿雄的步行速度為何？

  （當然，這個「速度」的意義很清楚：也許中間有休息，但是平均速度就是當做完全均勻的速度！）

阿哲走了

$$(2.75 * 公里每小時) * 3 \text{ 小時} = 8.25 \text{ 公里}$$

因此，阿雄走了

$$15 \text{ 公里} - 8.25 \text{ 公里} = 6.75 \text{ 公里}$$

故阿雄的步行速度為

$$6.75*公里 \div 3 小時 = 2.25 公里每小時$$

《解釋：per》美國的公路上的車速標識，用 mph. = mile per hour；per = 每，60 mph = 每小時 60 哩。

所以：per = 每，就是除法，就是（分子分母的）分數線！（相對於英文），漢文是倒裝句！「每小時 2.25 公里」，就寫成「2.25 公里每小時」。

我的態度是：單位是「物理量」的一部分！

「速度」是（距離 =）「路程」除以「時間」

此處，「路程」=「6.75 公里」，「時間」=「3 小時」，因此

「路程」除以「時間」= (6.75*公里) ÷ (3 小時)

有些老師不讓小學生把「小時」這個單位寫到分母去，那是老師錯！事實上，「路程」除以「時間」，「路程」是「6.75*公里」，並非 6.75，而「時間」是「3*小時」，並非 3。（乘號通常不寫！「3 小時」=「3*小時」。記住：代數裡，3x 就是 3*x 的標準（略）寫法！）

《解釋：percent》cent 是百 = 100，centi- 是百分之一，因而 centimeter = 百分之一公尺；percent 是「每百（有一）」，= 百分之一 = 0.01；我認為：古時文明程度低，不習慣用小數（與分數），只會整數，不慣用 0.13，必須說 13%；我建議盡量不用 %，用小數！（除非你是幼稚園大班生。）

 例題2 某人的速度是每小時 5 公里，問多久時間可走 15 公里？

解 「時間」=「路程」除以「速度」，

$$(15 公里) \div \left(5\frac{公里}{小時}\right) = 3 小時$$

我要一再的強調，這裡如果記：Km =「公里」，Hr = 小時，那麼上式是說：

$$(15*Km) \div (5*Km/Hr) = \frac{15*Km*Hr}{5*Km} = 3*Hr$$

（用到「分數翻轉原理」！）所以，「單位」和「數」一樣地乘除！

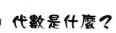
【相對速度】

所以例題 1 有另外一種解法：（Newton 的相對論！其實 Galileo 已經想到了！）我們思考阿哲與阿雄兩人的「相對速度」，例如說阿哲可以自我中心，認為「我在運動，而阿雄不動」，我的「速度」是

$$(15 \text{ 公里}) \div (3 \text{ 小時}) = \left(5 \frac{\text{公里}}{\text{小時}}\right)$$

（與例題 11 所算的一致！）這樣子的速度是「相對速度」（「阿哲相對於阿雄的速度」）然而，「兩人相向而行時，相對速度是兩人個別速度之和」！因此，阿雄的個別速度 $= \left(5 \frac{\text{公里}}{\text{小時}}\right) - \left(2.75 \frac{\text{公里}}{\text{小時}}\right) = \left(2.25 \frac{\text{公里}}{\text{小時}}\right)$。

【相對速度定理】

在一條路線上，如果兩人（「質點」）對向而行，則相對速度是兩人個別速度之和，若兩人（「質點」）同向而行，則相對速度是兩人個別速度之差！

例題 3 （平均速度）：

在全程五圈之賽事中，首圈之（平均）速度為 190（Km/h）；其餘四圈之（平均）速度為 220（Km/h）；求總平均速度。

註 這一題有些陷阱！有人利用「加權平均」的觀念來做：

$$\frac{190 * 1 + 220 * 4}{1 + 4} = 214 \text{ (Km/h)}$$

可惜這是錯的！

為什麼？如果是這麼簡單的平均，那麼就假設是只跑兩圈，「總平均速度就是相加除以 2」；那麼，想像：第一圈速度為 190（Km/h），第二圈速度為「龜速」（跑不完這一圈！），「總平均速度就是相加除以 2」，計算的結果就差不多是 95（Km/h），但是，第二圈所花的時間太久了！總平均速度（幾乎）是零！

 總平均速度 = 總共的路程除以總共所花的時間。

今設一圈的路程（長度）是 L，（也許是 5 Km，也許是 6 Km，我們完全不在乎！）那麼，首圈路程（長度）是 L，速度為 190（Km/h），（兩者

一相除，）就必須用掉時間 $\dfrac{L*h}{190*Km}$。（分數翻轉原理！）

其餘四圈之平均速度為 $220*Km/h$，路程為 $4*L$，必須用掉時間 $\dfrac{4L}{220*Km/h}$。因此總共路程 $L+4*L$，共用掉時間 $\left(\dfrac{L}{190}+\dfrac{4*L}{220}\right)*\dfrac{h}{Km}$；總平均速度為兩者相除，即是

$$\dfrac{5*L}{\left(\dfrac{L}{190}+\dfrac{4*L}{220}\right)*\dfrac{h}{Km}}=\dfrac{20900}{98}*Km/h=212.2\ (Km/h)$$

1.6 比例

【第一種解釋】

比例是非常廣泛使用的詞，而其最簡單的用法，只是「以除法得到商」，例如，「在全部四億元中，三億元所佔的比例是七成五」，七成五 $=75\%=0.75$；這句話只是說：

$$300000000：400000000=0.75$$

所以比的記號，（冒號！）只是「除法」$\div$，也可以就用「分數線」代替！

x 對 y 的比例是 $z=\dfrac{x}{y}=x\div y$；在上述，$x=3$（億元），$y=4$（億元），$z=0.75$；比例計算，只是乘除計算：

給了 x，y，那麼：$z=x\div y$，只是除法

給了 z，y，那麼：$x=y*z$，只是乘法

給了 x，z，那麼：$y=x\div z$，只是除法

【代數】

這裡我們用 x，y，代表一個數（量），（暫時）「未知」，最後才算出來。漢文「代數」一詞，就是由此而來。

【商業計算都是比例】

會乘除，懂得比例，就可以做生意了！

年利率 2%，意思是：存款在銀行，一年後銀行所給的利息，對你現在的存款，比例是 0.02。

房地產仲介，佣率 3%，意思是：交易完成後，你給仲介商的仲介費，對你的賣價，比例是 0.03。

 例題1（比例分配）：

眾人投資共 450 萬，其中有我的 150 萬，作一件生意，問：我投資的比例為何；若此生意獲利 60 萬元，應該給我多少？

解 比例為 $\dfrac{150}{450}=\dfrac{1}{3}$，應該「照比例」，給我 60 萬元 $*\dfrac{1}{3}=20$ 萬元

 例題2（兩人比例分配）：

甲乙兩人各投資 150 萬、300 萬，作一件生意，獲利 60 萬元，問：兩人各獲利多少？

解 甲乙各獲利（單位：萬元）

$$60*\frac{150}{150+300}=20 , 60*\frac{300}{150+300}=40$$

這個計算是：「沒進中學讀代數的人也會的」「代數」（算術）！這例子簡直就是前一個例子。很簡單但是值得慢慢分析，也同時漸漸學習「代」「數」。

如果用 x，y，來代表甲乙分配到的獲利，用 $z=60$（萬元），代表總獲利；用 $u=150$（萬），$v=300$（萬），代表甲乙兩人的投資額，$w=u+v=450$（萬），代表總投資額，那麼，照上例的計算，（用兩次！）就是：

由比例式 $x:z=u:w$，已知 u，w，z，求得：$x=z*u/w$

由比例式 $y:z=v:w$，已知 v，w，z，求得：$y=z*v/w$

【比例計算的原理】

若有比例式

$$x : y = u : v$$

則：

$$x * v = y * u$$

（因此，只要知道四項中的三項，就可以「一乘一除」，而算出第四項！）
記憶之法是：x，v叫做外項，y，u叫做內項，而外項相乘等於內項相乘。

習題1 求下列各式之x：

(1) $x : 16 = 5 : 9$

(2) $16 : x = 5 : 9$

(3) $5 : 9 = x : 16$

(4) $5 : 9 = 16 : x$

【互比計算法】

上題目中，出現的已知數是u，v，z，從而算出$w = u + v$；未知數是x，y。
注意到：若寫成乘除的式子，則：

$$\frac{x}{z} = \frac{u}{w}，\frac{y}{z} = \frac{v}{w}；相除得\frac{x}{y} = \frac{u}{v}$$

所以這個題目，更常見的說法是：甲乙分配到的獲利x，y，應該和他們的出資額u，v成比例：

$$x : y = 150 : 300 = 1 : 2；而x + y = 60$$

這就可以算出來了！
首先把前一個比例式寫成等式：

$$300 * x = 150 * y \tag{a}$$

$$x + y = 60 \tag{b}$$

未知數有二個，叫做二元「方程式」，（通常）這就須要有二個「方程式」；解決之法是「消去法」：減少未知數的個數！
由(a)，就得到：

$$x = \frac{150 * y}{300} \tag{c}$$

代入(b)，就得到：

$$\frac{150*y}{300}+y=60$$

通分，故：

$$\frac{150*y+300*y}{300}=60$$

或者說：

$$\frac{(150+300)*y}{300}=60 \ , \ y=\frac{300}{(150+300)}*60$$

解決了 y，就可以代入(c)，得到：

$$x=\frac{150}{300}*\frac{300}{(150+300)}*60=\frac{150}{(150+300)}*60$$

☞注意！！這個代數計算當中，故意都不去算出來（化簡）！你就看到它和算術的計算是一樣的！數學上的要點是：乘法的分配律！

$$150*y+300*y=(150+300)*y$$

分配律只是說，（例如）$20*(1+2)=20*1+20*2$，但這是常數（「平常的數」），代數學的要領，就在於「對於變數（可變的數，未知的數），要能輕鬆自在地使用分配律！

代數學的陷阱，就在於「沒有分配律的地方卻（自己發明）使用分配律！

【由單價到比例】

我們已經說過：最常用到的算術是「單價」的概念！

「（黑葉荔枝）1 斤 30 元，問 8 斤多少錢？」，解法是「相乘」：$8*30=240$（元）。如果「轉個彎」，問：「3 斤要 90 元，那麼 8 斤要多少錢？」這就是比例問題了！有一個解法是「先（相除）求出單價」：$90\div3=30$（元每斤）；然後再如上相乘得到：$8*30=240$（元）。

這些數量之間的關係就寫成比例式：

$$3 \text{斤}：90 \text{元}=8 \text{斤}：240 \text{元}$$

回想一下：剛剛是求 $x=240$ 元，也就是由比例式：

$$3 \text{斤}：90 \text{元}=8 \text{斤}：x$$

而求算 x，而我們已經知道其算法：

$$x=90 \text{元}*8 \text{斤}\div3 \text{斤}=240 \text{元}$$

例題❸ （三人比例分配）：

甲乙丙各投資 150 萬，375 萬，525 萬，合股經商，五年後獲利 280 萬元；問：三人各得多少？

 甲乙丙各獲利（單位：萬元）

$$280 * \frac{150}{150+375+525} = 280 * \frac{150}{1050} \; ; \; 280 * \frac{375}{1050} \; ; \; 280 * \frac{525}{1050}$$

如果用 x，y，z 來代表甲乙丙各人分配到的獲利，那麼應該和他們的出資額成比例：

$$x : y = 150 : 375 \; ; \; 且 \; y : z = 375 : 525 \; ; \; 而 \; x + y + z = 280$$

這就可以算出來了！

首先把前兩個比例式寫成等式：

$$375 * x = 150 * y \tag{a}$$

$$375 * z = 525 * y \tag{b}$$

$$x + y + z = 280 \tag{c}$$

未知數有三個，叫做三元「方程式」，（通常）這就須要有三個「方程式」；解決之法是「消去法」：減少未知數的個數！

由(a)，就得到：

$$x = \frac{150 * y}{375} \tag{d}$$

由(b)，就得到：

$$z = \frac{525 * y}{375} \tag{e}$$

代入(c)，就得到：

$$\frac{150 * y}{375} + y + \frac{525 * y}{375} = 280$$

通分，故：

$$\frac{150 * y + 375 * y + 525 * y}{375} = 280$$

或者說：

$$\frac{(150 + 375 + 525) * y}{375} = 280 \; , \; y = \frac{375}{(150 + 375 + 525)} * 280$$

解決了 y，就可以代入(d)，得到：

$$x = \frac{150}{375} * \frac{375}{(150+375+525)} * 280 = \frac{150}{(150+375+525)} * 280$$

代入(e)，得到：

$$z = \frac{525}{375} * \frac{375}{(150+375+525)} * 280 = \frac{525}{(150+375+525)} * 280$$

總之，各獲利

$$x = 280 * \frac{150}{1050} = 40 \text{，} y = \frac{375}{1050} * 280 = 100 \text{，} z = 280 * \frac{525}{1050} = 140$$

註 多重比 ⇨ 習慣上，這一題的兩三個比例式，通常寫成：

$$40 : 100 : 140 = 150 : 375 : 525$$

等號兩邊有（同樣多個）不止一個比例記號出現時，叫做 <u>多重比</u>，或者 <u>列比</u>，我們不要把比例記號解釋為除法！

此處我們就解釋為：

$$40 : 100 = 150 : 375 \text{；且 } 100 : 140 = 375 : 525$$

例題 4 （平均）：

有同量之甲乙兩杯酒，各含酒精濃度 $\frac{1}{3}$，$\frac{1}{6}$，今將兩者都倒入一空瓶中，求此瓶中酒精的濃度？

 取平均

$$\left(\frac{1}{3} + \frac{1}{6}\right)/2 = \frac{1}{4}$$

《解釋》其實這裡有些困擾！我們不清楚所謂濃度是指甚麼。我們也不知道它的單位！姑且做這樣子的解釋：酒是水中含有（溶解了）酒精；而濃度是指每容量單位中所含的酒精之（質）量。現在甲乙兩杯酒，容量一樣，設為 V，則各含酒精質量 $V * \frac{1}{3}$，$V * \frac{1}{6}$；因此，倒在一起後，總容量變成 $V + V = 2 * V$，其中所含的酒精之（質）總量為

$$V * \frac{1}{3} + V * \frac{1}{6} = V * \frac{1}{2}$$

因此，濃度為：

$$V * \frac{1}{2} \div (2 * V) = \frac{1}{4}$$

例題5 （比例混合）：

有甲乙兩種酒，各含酒精濃度 $\frac{1}{3}$，$\frac{1}{6}$，今將兩者依照 2：1 的比例混合，求所得酒中酒精的濃度。

(解) 所謂「依照 2：1 的比例」混合，意思是：拿 $2 + 1 = 3$ 杯，兩杯是甲種酒，一杯是乙種酒，每杯酒容量是 V，則各含酒精質量 $V * \frac{1}{3}$，$V * \frac{1}{3}$，$V * \frac{1}{6}$；因此，倒在一起後，總容量變成 $V + V + V = 3 * V$，其中所含的酒精之（質）總量為

$$V * \frac{1}{3} + V * \frac{1}{3} + V * \frac{1}{6} = V * \frac{5}{6}$$

因此，濃度為：

$$V * \frac{5}{6} \div (3 * V) = \frac{5}{18}$$

換句話說：答案是「加權平均」

$$\frac{2 * \frac{1}{3} + 1 * \frac{1}{6}}{2 + 1} = \frac{5}{18}$$

例題6 （工程問題）：

某件工作，甲獨做需 63 日，乙獨做需 84 日，丙獨做需 126 日，若三人合作需幾日？包工費 126000 元如何分配？

(解) 我們必須給（「工程」或者）「工作量」一種單位！其實就可以用全部的工程費，當做 1 單位。於是甲的「工作能力」是 $\frac{1}{63}$（每日！）乙為 $\frac{1}{84}$，丙為 $\frac{1}{126}$；若三人合作，則工作能力之和為：

$$\frac{1}{63} + \frac{1}{84} + \frac{1}{126} = \frac{1}{28} \text{ 每日}$$

於是：需 28 日完工！

包工費應該照其能力比例分配，即：

$$\text{甲得 } 126000 * \frac{\frac{1}{63}}{\frac{1}{28}} = 56000 \text{ 元}$$

$$\text{乙得 } 126000 * \frac{\frac{1}{84}}{\frac{1}{28}} = 42000 \text{ 元}$$

$$\text{丙得 } 126000 * \frac{\frac{1}{126}}{\frac{1}{28}} = 28000 \text{ 元}$$

習題2

(1) 甲乙丙各投資 240 萬、180 萬、80 萬，合股經商，甲任經理，乙任襄理，各以獲利 15%、10% 為酬，其餘照投資額分配，如盈利 20 萬，問：甲乙丙各得多少？

(2) 某人以現金每股 85 元買入面額 100 元之股票 1 萬股，一年後分得股息紅利 20%，於是以每股 90 元全部拋出，問實賺多少？

(3) 引甲乙兩管注水入池，需 3 分 20 秒，若單甲管獨注，需 6 分，問單乙管獨注，需時多久？

(4) 某水池有甲乙兩入水管與丙出水管；若單甲管獨注，需 2 小時 45 分注滿，單乙管獨注，需 2 時注滿，若注滿之後，單由丙管排出，需 1 小時 50 分；現在水池的水恰好是 $\frac{1}{3}$ 滿，那麼三管齊開（兩入一出），多久才能夠注滿？

(5) 某包工雇用工人共 30 人，每天工作 8 小時，預定 38 日內完工；今於工作進行 20 日後，因故停工 3 日，且有 8 人請休離去；於是此包工一方面請求工人天天加班 1 小時，一方面加雇工人，結果依時完工；問加雇幾人？

(6) 某生本學期某科有四次考試，前三次之平均成績為 85 分，末三次之平均為 87 分；首末兩次之平均為 90 分；求全部之平均。

圓周率定律

【圓周率】

從小學起，我們就學到：圓周率是

$$\pi = 3.1415926\cdots$$

π是希臘字母，讀做pi。通常我們固定用它表示圓周率，因此是常數，（不會變來變去，）不是變數。

「率」就代表了「比例」！圓周率的意思是：（圓的周長＝）「圓周」與圓的「直徑」成比例！圓周與直徑的比值，就是圓周率。本節的目的就是，以此為例，說明比例的概念。

【變數（變量）】

假設有個古人，（僧侶，或太史官，或思想家、數學家，）認真思考研究圓的性質。他或她，就考慮各式各樣的圓，「所有可能的圓」，可以真的畫一些圓在紙上，其它的都只是想像！（例如：白道、黃道，與赤道。）

> 赤道，你在地球儀上可以看到！那是緯度零的緯線；你也看到許多其它的緯線與經線（＝子午線）；真正的地球有些扁，經線就不太圓！
>
> 白道，就是月亮繞地球旋轉的那個「圓」。黃道，就是太陽繞地球旋轉的那個「圓」。（我沒有搞錯！古時這樣想的人佔多數！當然，以Newton相對論的觀點，「我繞你」和「你繞我」，沒有太大的差別！）

那麼我們就想像取一個圓，記它的直徑為d，它的周長為p；數學上，這兩個都是「變數」（或「變量」），它們隨著我所取的（「動圓」或「變」）圓而定，因此不是常數！那個數學家，由觀察測量，就歸納出一個定律：「變量」p與「變量」d（成）正比（或者說「成比例」）！寫成：

$$p \propto d$$

這樣寫的意思是：「我選這第一個圓，就量出直徑$d_1 = 4.4\cdots$，周長$p_1 = 13.8\cdots$，我若是選這第二個圓，就量出直徑$d_2 = 6.2\cdots$，周長$p_2 = 19.48\cdots$，etc.」

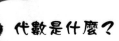
「結果，除得的商都是一樣！」（這叫做比例常數。）

$$\frac{p_1}{d_1} = \frac{p_2}{d_2} = \cdots = 3.1\cdots$$

註 「定律」是指歸納而得的「物理」，「定理」是指證明而得的「數學」，最先發現的，當然是定律，不是定理！

這個（圓周率）定律，是所有文明都發現到的一件經驗事實！

事實上，這些周長 p_1，p_2，$\cdots$，與直徑 d_1，d_2，$\cdots$，都來自實測，一定有誤差，除法也只是「除個差不多」，所以上面的等式，其實只是「差不多」而已！但是這些（僧侶，或太史官，或思想家＝）數學家，堅信：上面的這個式子是正確無誤的！

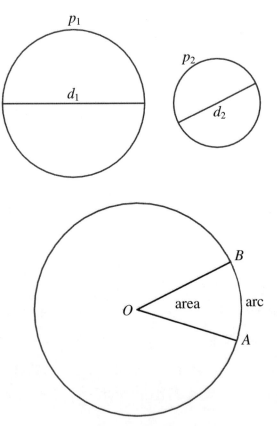

圖 1.1　圓周率定律與扇形定律

註 古人對於一個實際上出現的圓（或球），「量度直徑」比「量度半徑」要來得容易！（雖然在數學理論中，半徑 r 比直徑 d 更方便！）周長當然是更容易量度，所以，最早的圓周率是由實測算出的！理論上的計算，應該歸功於 Archimedes。實測當然有誤差，最早的圓周率用 3，這是「徑一周三」的說法，誤差將近 5%，而且當然知道：「真正的圓周率 π 一定 >3。」

張衡好像用 $\sqrt{10} = 3.16\cdots$。

【圓周率定律】

圓的周長 p 與圓的直徑 $2*r$ 正比，圓的面積 A 與圓的半徑平方正比，比例常數都是圓周率 π：

$$p = (2*\pi)*r \;;\; A = \pi*r^2$$

【扇形】

假設有一圓，圓心是 O，圓上有兩點 A，B，那麼，圓就被這兩點分成兩段圓弧，通常說「圓弧」AB，意思是指較短的那段劣弧；從圓心 O 到圓上一點的線段叫「半徑」，因此兩個線段 $\overline{OA}$，$\overline{OB}$，都是半徑；這兩個半徑和圓弧 AB，圍出一塊區域叫做扇形域，而角 $\angle AOB$ 叫做這個扇形域的圓心角，也就是這段圓弧 AB 的圓心角。

【扇形域定律與圓弧定律】

若固定了一個圓，而在其上任取一段圓弧 AB，則它的弧長將與圓心角 $\angle AOB$（的角度）成正比！

而這段圓弧 AB 與半徑 $\overline{OA}$，$\overline{OB}$ 所圍出的扇形域，其面積也與圓心角 $\angle AOB$（的角度）成正比！

《解釋》我可以選一個圓弧 A_1B_1，就量出弧長 ℓ_1，扇形域 A_1OB_1 的面積 a_1，以及圓心角 $\angle A_1OB_1$ 的角度 θ_1；我若是選另一個圓弧 A_2B_2，就量出弧長 ℓ_2，扇形域 A_2OB_2 的面積 a_2，以及圓心角 $\angle A_2OB_2$ 的角度 θ_2；我若是再選另一個圓弧 A_3B_3，就量出弧長 ℓ_3，扇形域 A_3OB_3 的面積 a_3，以及圓心角 $\angle A_3OB_3$ 的角度 θ_3；（等等，等等，我的選擇是無窮無盡的！）

定理是說：

$$\frac{\ell_1}{\theta_1} = \frac{\ell_2}{\theta_2} = \frac{\ell_3}{\theta_3} = \cdots$$

$$\frac{a_1}{\theta_1} = \frac{a_2}{\theta_2} = \frac{a_3}{\theta_3} = \cdots$$

 例題

若圓的半徑（長）$\overline{OA} = 80$ cm，而圓心角度 $\angle AOB = 7.5°$，求弧長及扇形域的面積。

 你用完整的圓 $\theta_0 = 360°$ 來做比較！

此完整的圓弧長 $\ell_0 = 2 * \pi * 80 \approx 502.4 \text{(cm)}$

「扇形域」（＝整個圓盤）面積 $a_0 = \pi * 80^2 = 20096 \text{(cm}^2)$

而圓心角度 $\theta_0 = 360°$；因此

$$\frac{\ell}{502.4 \text{(cm)}} = \frac{a}{20096 \text{(cm}^2)} = \frac{7.5°}{360°} = \frac{1}{48}$$

$$\ell \approx 10.47 \text{(cm)}，a \approx 418.7 \text{(cm}^2)$$

【結合比】

上面已經述說了圓周定律以及圓弧定律，前者說：對於不同的兩圓，圓周與直徑 $d = 2 * r$ 成正比；後者說：對於相同的一圓上的不同的兩圓弧，弧長與圓心角 θ 正比；這兩個定律可以結合起來！

換句話說：若有不同的兩圓，而在其上各有一段弧，那麼，這兩段弧的弧長，就與它們的「直徑乘圓心角」成正比：

$$\ell_1 : \ell_2 = (d_1 * \theta_1) : (d_2 * \theta_2) = (r_1 * \theta_1) : (r_2 * \theta_2)$$

實際上：

$$\ell = 2 * \pi * r * \frac{\theta}{360°}$$

如果結合扇形域定律與圓面積定律，那麼：若有不同的兩圓，而在其上，各有一塊扇形域，那麼，這兩塊扇形域的面積，就與它們的「半徑平方乘圓心角」成正比：

$$a_1 : a_2 = (d_1^2 * \theta_1) : (d_2^2 * \theta_2) = (r_1^2 * \theta_1) : (r_2^2 * \theta_2)$$

實際上，扇形域的面積是：

$$a = \pi * r^2 * \frac{\theta}{360°}$$

【再談利率】

我們前面提到「利率」，本意是：「（若存款期間相同，）利息與本金成正比」，存款 300 萬元在銀行，（一年後）銀行所給的利息是 6 萬元，則利率為

$$6 萬元 \div 300 萬元 = 0.02$$

（切記：這是無名數！）

若是你只要存款 3 個月？存款 2 個月？當然有些小問題！二月只有 28 天，而三月有 31 天！我們現在就馬馬虎虎，做簡單的估算，那麼就說：

「（若存的本金相同，）利息與存款期間成正比」。

存款 300 萬元在銀行，兩個月後，銀行所給的利息是 9600 元，則「利率」照上述計算，為

$$9600 元 \div 300 萬元 = 0.0032$$

（這樣的「利率」是無名數！）

但這是「兩個月的期間」，所以，通常所說的利率是要再除以「期間」，也就是：

$$\frac{0.0032}{2 月} = 0.0016/月$$

這樣的利率不是無名數！此處的單位是月$^{-1}$；通常的單位是年$^{-1}$；所以，算出的利率是：

$$9600 元 \div \left(300 萬元 * \frac{2}{12} 年\right) = 0.0032 \div \left(\frac{2}{12} 年\right) = 0.0192/年$$

答案是：年利率 $= 0.0192 = 1.92\%$，雖然只存了兩個月，答案還是換算成「年利率」。所以，年利率 = 「利率 per 年」。

1.8 指數

【指數寫法】

通常說「乘法為加法的速簡寫法」：

$$3*7=7+7+7 ；（也許有人認為該寫成 7*3=7+7+7）$$

同理，「指冪數法為乘法的速簡寫法」：

$$7^3=7*7*7$$

寫在肩膀上的自然數 3，叫做指數，而 7 叫做底數；由底數 a 與指數 n，我們就得到乘冪 a^n。（冪是很文雅但不好寫的漢字！）

【指數定律】

當然：對於一切數 a，

$$a^3*a^5 = (a*a*a)*(a*a*a*a*a)=a*a*a*a*a*a*a*a=a^8$$

這是因為對於中間的式子，括號可以拿掉！（這是乘法的可締律）

那麼就推得：

$$(a^3)^2 = (a^3)*(a^3)=a^{3+3}=a^6=a^{2*3}$$

這是兩個指數定律。

第三個是：

$$(a*b)^3 = (a*b)*(a*b)*(a*b)=a*b*a*b*a*b=a*a*a*b*b*b=a^3*b^3$$

這是因為對於中間的式子，不但括號可以拿掉，可以裝上，而且可以調換順序。（這是乘法的可換律）

【指數為零，為負】

我們規定，不論底數 a 為何，

$$a^0 := 1 ； a^{-n} := \frac{1}{a^n} ，（a \neq 0，n 為自然數）$$

註 為何如此規定？這是唯一合理的（而且方便的）規定！我們把冒號與等號連在一起，稱為冒等號，意思是：「這是規定！」

【Archimedes 指數定律】

總結起來，對於一切自然數（或者 0，）m，n，與一切數 a，b：

$$a^{m+n} = a^m * a^n$$

$$(a^m)^n = a^{m*n}$$

$$(a*b)^n = a^n * b^n$$

習題1 背記 2^n，n 從 1 到 10；背記 3^n，n 從 1 到 6。背記 5^n，n 從 1 到 4。

$$2^2 = 4，2^3 = 8，2^4 = 16，2^5 = 32$$

$$2^6 = 64，2^7 = 128，2^8 = 256，2^9 = 512，2^{10} = 1024\cdots$$

$$3^2 = 9，3^3 = 27，3^4 = 81，3^5 = 243，3^6 = 729\cdots$$

$$5^2 = 25，5^3 = 125，5^4 = 625，5^5 = 3125，5^6 = 15625\cdots$$

請問 $32 * 16 = ?$ 必須隨口答出！

【複名數】

古人比較聰明，（或者，「比較笨」？）因此會出現「一秉三石七斗五升四合」的容量，這裡有許多單位同時出現，（當然都是加起來！）這樣叫做「複名數」。

這例子不算複雜，因為漢文化用十進位！你可以擇定一個做為基準，而其它的輔助單位就只是基準單位乘上 10^n。

英制（長度），1 fathom = 2 yard，1 yard = 3 feet，1 feet = 12 inch；1 mile = 880 fathom，若不講最後這一個，那麼，英制有濃厚的「十二」進位之痕跡；但是英制（容積），1 gallon = 128 ounce，1 ounce = 8 dram，有些「二」進位之痕跡。

錢幣，現在都是十進位！雖然有時也用五做為「半階」，例如，有「五百元券」，也有五元硬幣，美國有 25 分硬幣，五角硬幣；其他也常有二十元或二角的單位。

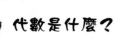

【無名數與記數法】

巴比倫的 1 度 = 60 分，1 分 = 60 秒，幾乎是「六十進位」，只差沒有給「60 度」一個名字！但是他們不可能發明與使用 60 個數碼！所以必須有一些「半階」的碼！羅馬的記數法就是用五做為「半階」！他們沒有進位法的概念，所以，羅馬記數法就類似於複名數！

你若住在台北或台中大都市，你的電話要八位數，手機要十位數，更多了！想像有一個電話號碼是 23405060，你不要記成：「貳仟參佰肆拾萬伍仟零陸拾號」！為甚麼？因為電話號碼不是「度量」！（它不應該思考為 50851265 ＊ 4。）所有的「仟萬，佰萬，拾萬，仟，佰，拾」都不應該讀出來！號碼裡面沒有那個意思的！你要背的話，只是記成「貳參肆零伍零陸零」。

十進位記數法的意思就是：和「電話號碼的用法」相顛倒！寫成「貳參肆零伍零陸零」，但你心中要理解成「貳仟參佰肆拾萬伍仟零陸拾」，所有的「仟萬，佰萬，拾萬，仟，佰，拾」都應該有其理解！此處的「肆」，由於其位置，自動地變成「肆拾萬」，「參」則自動地變成「參百萬」。

羅馬的記數法非常「落伍」：

$$2332 = MMCCCXXXII$$

$$M = 10^3 = 仟，C = 10^2 = 百，X = 10 = 拾，I = 1 = 10^0$$

它們的寫法就是「只有加法（與減法）」：

$$2332 = M + M + C + C + C + X + X + X + I + I$$

如果有乘法，就可以寫成：

$$2332 = 2 * M + 3 * C + 3 * X + 2 * I = 2 * 仟 + 3 * 佰 + 3 * 拾 + 2$$

這是漢文式的寫法！但是，（印度人發明的！）阿拉伯記數法卻是更進一步：「拾的冪，由位置決定」！

【撇位法】

很長的數目字，如 44508512654，如果要用漢文讀出，有點麻煩！一個簡單的辦法是「四位一撇」，（從個位數開始！）成為 445,0851,2654，因此是讀成「445 億，零 851 萬，2654」。

若是用英文讀出，則是「三位一撇」，（從個位數開始！）成為 44，508，512，654，因此是讀成「44billion（十億），508million（百萬），512thousand（仟），654」。

【十進位記數法與多項式】

阿拉伯記數法，就是認為：

$$M = X^3 , C = X^2$$

$$2332 = 2*M + 3*C + 3*X + 2*I = 2*X^3 + 3*X^2 + 3*X + 2 ; (X = 拾)$$

不但由加（減）進步到有「乘」，還有「指數」，上式的最後面已經有多項式！這是一種很特別的分離係數法！

【分離係數法】

如果把 $5x^4 - 99x^3 + 34x + 6$，寫成：$5 - 99 + 0 + 34 + 6$，這就叫做「分離係數法」：

- 假設有一個基本變數，假定是 x，用它和一切平常的數（叫做常數，其中有負數！），去「乘來乘去」、「加來加去」，這就得到一個（單變元 x 的）「多項式」；要點是 $x*x*x = x^3$，等等。
- 我們將它整理好，照 x 的次數最高的先寫，如上先寫 $5x^4$
- 依次寫出次數少 1 的項；如上續寫 $-99x^3$
- 若缺項，就寫成係數為零：如上續寫 $+0x^2$，$+34x$，$+6$
- 只保留係數（連同正負號！），不寫 x 的冪，故如上的多項式，用分離係數法，就寫成：

$$5 - 99 + 0 + 34 + 6$$

- 養成好習慣：寫好後先點算有幾項！必須是最高次數加一！

習題2 把如下的多項式，用分離係數法寫！

(1) $6x^7 - 22x^3 - 4x - 7$

(2) $-3y^5 + 6y^4 - 5y^3 + 6y^2 + 6y + 6$

(3) $9y^9 - 1$

(4) $\dfrac{23}{5}x^3 + \dfrac{84}{31}x^2 + \dfrac{22}{13}x$

習題 ③ 把如下用分離係數法寫出的式子，還原成（單變元 x 的）多項式：

(1) $6 - 2 - 5 + 3 - 14 + 4$

(2) $13 + 0 + 0 + 0 - 5 - 4 + 2 + 6$

(3) $7 - 8 - 9 + 10 + 9 - 6$

★ 1.9 近似值與科學記法

【小數與整數】

點算人頭，當然是整數（自然數）；很多計算，常常人為地規定為整數，例如：「收稅，收到元為止」；其它大部分的計算，都是用小數！

【精確與近似】

有些東西必須精確，有些東西不須要精確，只要近似！前者如「電話號碼」，錯一個碼就錯了！（98765432 弄成 98765431，或者 23456789，一樣都是錯。）大部分的情形卻屬於後者！如果有一件買賣，淨賺了 48235044 元，向董事會口頭報告時，大概是說：「精確數目寫在報表中，但是我們淨賺了肆仟捌佰多萬元」。這種說法其實就是所謂的科學的記法。

科學的記法就是充分應用指數記號的好處！

【科學記法】

要報告給董事會知道的，關於這件買賣的結算額 x，最重要的資訊，首先是「賺或賠」，也就是正負號！一弄錯，一切就免談了！其次是數量級，是「肆億多元」，或「肆仟多萬元」，或「肆佰多萬元」，或「肆拾多萬元」，這個差別太大了！如上的這個完整的數目字，用科學的記法，就記為 $4.8235044 * 10^7$。通常不會也不需要那麼完整！所以有種種近似的說法：

「將近伍仟萬元」，$x \approx 5 * 10^7$

「肆仟捌佰多萬元」，$x \approx 4.8 * 10^7$

「肆仟捌佰貳拾多萬元」，$x \approx 4.82 * 10^7$

「近肆仟捌佰貳拾肆萬元」，$x \approx 4.824 * 10^7$

「肆仟捌佰貳拾參萬伍仟多元」，$x \approx 4.8235 * 10^7$；（就此停止吧！）

註 在上面所列的種種說法，其精確的程度，用有效數字的位數來說，依次是 1 位，2 位，3 位，4 位，5 位。

註 想像你參加一個物理科的考試，有一題要計算磁場（此處沒有正負號的問題），正確答案是 0.000004823 Tesla，科學記法就是 $4.823 * 10^{-6}$ Tesla；現在假定題目要求「3 位有效數字的答案」。

如果你寫了 $4.82 * 10^{-6}$ Gauss，你得不到任何分數！想想：$1\text{Tesla} = 10^4$ Gauss。如果你寫了 $4.82 * 10^{-6}$ Tesla，你得到 10 分（題分），如果你寫了 $4.62 * 10^{-6}$ Tesla，你大概得到 7 分（8 分），如果你寫了 $5.13 * 10^{-6}$ Tesla，你大概得到 5 分（6 分），如果你寫了 $3.83 * 10^{-6}$ Tesla，你大概得到 3 分（4 分），因為數量級還是正確的。

☞切記！！科學（尤其工程學）中的計算，絕大部分都是近似值，計算所得的答案，主要的資訊價值，依序是：正負號，數量級，以及自左到右的各個數碼。

A⁺ 代數是什麼？

CHAPTER 2

[一次方程式]

【（代數之父）Diophantus 墓碑】

「他的一生，$\frac{1}{6}$ 是幼年，$\frac{1}{12}$ 是青少年，壯年（蓄鬚）又過了 $\frac{1}{7}$ 才結婚，婚後 5 年生一子，但這孩子享年只有父親的一半！孩子死後 4 年，他才逝世！」

請問：Diophantus 得年幾何？

> **註**（代數）　令此年壽 $=x$，則：
> $$\frac{1}{6}x+\frac{1}{12}x+\frac{1}{7}x+5+\frac{1}{2}x+4=x$$

> **註**（非代數）　令此年壽 $=x$，則：x 必須是 12，6，7，2 的共同倍數！但：最小公倍數 $=84$，而我想當時環境，不太可能長壽 $84*2=168$ 歲吧！故 $x=84$。

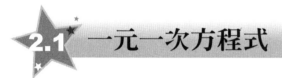 **2.1 一元一次方程式**

 例題 1　求 $3x+7=22$ 之根。

> **解**　$3x$ 的意思就是「3 個 x」，如果 x 是橘子，那麼 $3x$ 就是 3 個橘子；數學上 $3x$ 就是 3 乘以 x；這個式子，叫做方程式，因為 x 是一個未知數，題目的意思就是要去找出這個未知數，使得等號成立！

【移項原理】

如果 $3x+7=22$，我們兩邊減去 7，那麼：
$$3x+7-7=22-7\text{；即 }3x=15$$

這個想法很簡單：如果 X 是「未知的一個麻煩物」（例如上面的 $3x$），a，b 卻不是麻煩物（例如上面的 $a=7$，$b=22$），而有

$$X+a=b$$

那麼，兩邊減去 a，就得到 $X+a-a=b-a$；通常有個簡單的說法，就是「移項」，把 a 從一邊移到另一邊，而必須把 $+$ 號變 $-$ 號！

現在 $3*x=15$，我們兩邊除以 3，那麼：

$$3*x \div 3 = 15 \div 3；即 x=5；這就是答案！$$

這個想法也同樣可以說成「移項」：X 是「未知的一個麻煩物」，a，b 卻不是麻煩物（例如上面的 $a=3$，$b=15$），而有

$$a*X=b$$

那麼，兩邊除以 a，就得到 $a*X \div a = b \div a$；也就是把 a 從一邊移到另一邊，而必須把 $*$ 號變成 $\div$ 號！

習題1 解下列方程式：

(1) $3x+5=17$

(2) $8x-15=25$

例題2 求 $8x=2x+12$ 之根。

 現在的移項，寧可把 $2x$ 從左移到右！就得到：

$$8x-2x=12$$

此時，要記住：8 個橘子減去 2 個橘子，就是 6 個橘子！

☞最怕的是，寫出 $8x-2x=6$，漏掉 x。

於是：

$$6x=12；x=12 \div 6 = 2；這就是答案！$$

例題3 求 $8x-5=5x+13$ 之根。

現在的移項，可以同時做兩件事：把 $5x$ 從右移到左，（變成 $-5x$，）把 -5 從左移到右！（變成 $+5$，）就得到：

$$8x - 5x = 13 + 5 \text{；} 3x = 18 \text{，} x = 6 \text{；這就是答案！}$$

我建議你：把含 x 的項移到左邊，把不含 x 的常數項，移到右邊！

習題2 解下列方程式：

(1) $3x - 7 = x + 19$

(2) $10x + 9 = 3x + 16$

(3) $3x + 23 = 78 - 2x$

例題4 求 $3x + 4 = 5(x - 2)$ 之根。

 這裡的要點是括弧！$5(x - 2)$ 的意思是：$5*(x - 2)$，乘法記號通常被省略掉！

【乘法分配律】

這是代數的要點：

$$5*(x - 2) = 5*x - 5*2 = 5x - 10$$

於是，方程式變為：

$$3x + 4 = 5x - 10 \text{；} 5x - 3x = 10 + 4 \text{；} 2x = 14 \text{；} x = 7$$

習題3 解下列方程式：

(1) $5(x - 7) + 87 = 9x$

(2) $15(x + 3) + 7 = 3(2x + 1) + 58$

(3) $32(x + 3) - 11(2x + 5) = 5(3x + 1) + 21$

(4) $27(x - 4) + 182(x - 5) = 27$

(5) $23(5x - 19) - 12(3x - 11) = 3x - 1$

例題5 解方程式：

$$x - 2[x - 3(x+4) - 5] = 3\{2x - [x - 8(x-4)]\} - 2$$

 這是括號的練習！你學過：「括號有三種」：「小括弧」、「中括號」、「大括號」；電腦時代其實沒有這個區別！你只要由內往外「剝殼」！記住乘法的<u>分配律</u>，尤其要小心負號！

$$x - 2[x - 3x - 12 - 5] = 3\{2x - [x - 8x + 32]\} - 2$$

$$x - 2[-2x - 17] = 3\{2x - [-7x + 32]\} - 2$$

$$x + 4x + 34 = 3\{2x + 7x - 32]\} - 2$$

$$5x + 34 = 3\{9x - 32]\} - 2$$

$$5x + 34 = 27x - 96 - 2$$

$$5x + 34 = 27x - 98$$

$$27x - 5x = 98 + 34$$

$$22x = 132$$

$$x = 6$$

習題4 解下列方程式：

(1) $7x - \{3x - 7(2x - 8)\} = 2x - 64$

(2) $3(x+2) - \{2x + 3(2x - 5)\} = 7(x+5)$

例題6 解方程式：

$$\frac{1}{2}(27 - 2x) = \frac{9}{2} - \frac{1}{10}(7x - 54)$$

 用公分母 10 去乘它！（這就是<u>通分</u>）則得：

$$5(27 - 2x) = 45 - (7x - 54)$$

$$-10x + 7x = 45 + 54 - 135 \;;\; -3x = -36 \;;\; x = 12$$

習題5 解下列方程式：

(1) $\dfrac{4-x}{3} - \dfrac{2x+4}{5} = 0$

(2) $\dfrac{1}{2}\left\{\dfrac{1}{3}\left[\dfrac{1}{4}\left(\dfrac{1}{5}x-1\right)-6\right]+4\right\}=1$

(3) $\dfrac{x}{3} + \dfrac{1}{6} - \dfrac{x}{4} = \dfrac{x}{8} + \dfrac{1}{12}$

(4) $\dfrac{x-5}{2} - \dfrac{x-4}{3} = \dfrac{x+1}{2} - x$

(5) $\dfrac{x-5}{3} + \dfrac{2x-4}{4} = \dfrac{5x}{8} - 1$

(6) $7x + \dfrac{1}{3}(31x+2) = \dfrac{1}{2}(37x+6)$

(7) $\dfrac{5x+3}{2} + \dfrac{10x+1}{3} = 11x + \dfrac{4}{5}$

(8) $\dfrac{x-9}{7} + \dfrac{x-4}{3} + \dfrac{5}{21} = 0$

(9) $\dfrac{8x+1}{6} - \dfrac{3x+1}{2} = \dfrac{1-x}{3}$

(10) $\dfrac{3}{4}x + \dfrac{7}{16}x - \dfrac{x}{2} - \dfrac{9x}{16} = \dfrac{1}{8}$

例題7 解方程式：

$$2.4x - 0.218 = 8x - 0.05$$

 $2.4x - 8x = 0.218 - 0.05$ ； $-5.6x = 0.168$ ； $x = -0.03$

習題6 解下列方程式：

(1) $\dfrac{1}{2}x + 1.6 - 0.2x = 0.55x + 1.1$

(2) $0.5x - 2 = 0.25x + 2x - 1$

(3) $0.5x + 0.45 = 3(0.03x - 6)$

(4) $0.5x + 2.75 = 5x - 42.25$

(5) $0.15x - 0.875x + 1.675 = 0.0625$

2.2 一元一次方程式的應用

例題 1 某數之 2 倍加 7，等於從其數之 3 倍減 15，求其數！

 令此數為 x，則 $2x + 7 = 3x - 15$；$3x - 2x = 7 + 15$；$x = 22$

例題 2

(1)美國某學校只有 7 年級與 8 年級；學生總數 325 人，而 8 年級學生總數比 7 年級學生總數之 $\frac{1}{3}$ 還少 22 人，求各年級學生數！

(2)此校甲乙兩學生撲滿的儲蓄總額為 325 美元，而甲生比乙生儲蓄額之 $\frac{1}{3}$ 還少 22 美元，求各生儲蓄額！

 (1)令 8 年級學生數為 x，則 $x + 22 = \frac{2}{3}(325 - x)$；$x = 64.75$

(2)令甲生儲蓄額為 x 美元，則得 $x + 22 = \frac{2}{3}(325 - x)$；$x = 64.75$

註 美元，有 25 分錢的錢幣，因此(2)是說得通的！但是(1)是說不通的！應用題必須要驗證題意！

例題 3

分 150 為兩數，其一數之 5 倍，等於從它數之 3 倍加 190。求此兩數！

 令前一數為 x，則：
$$5x = 3(150 - x) + 190 \; ; \; 8x = 450 + 190 = 640 \; ; \; x = 80$$
$$後一數 = 150 - 80 = 70$$

例題 4

現在爸爸是兒子年齡的 4 倍；6 年後，則是兒子年齡的 3 倍還少 3 歲；求

父子的現年！

 設現在兒子年齡是 x（歲），則爸爸年齡是 $4x$

故得 $4x+6=3*(x+6)-3$

$x=18-3-6=9$（子現年），$4x=36$（父現年）

習題

(1)甲倉有米 320 袋，乙倉有米 180 袋，（均為標準袋，）諸日間，每天甲倉運出米 15 袋，乙倉運入米 5 袋；問幾日後，甲乙二倉有相等儲米？

(2)父年 43，子年 4，幾年後，父歲為子之 4 倍？

(3)甲有 500 元，乙有 280 元，問：甲給乙多少錢後，則乙生為甲生之 4 倍？

(4)甲原有 5 倍於乙之現金；現在給甲 120 元，給乙 158 元，則甲生為乙生之 3 倍。問：原本各有多少錢？

(5)甲以地產售予乙，售價 493 萬，賠本 18%；乙以高價售予丙，若甲直接以此高價售予丙，則將獲利 15%，問乙獲利若干？

(6)某文具店買入鉛筆若干支，每支 5.5 元，以每支 10 元出售，結算發現：尚餘 120 支，但已獲利 1500 元；問購入幾支？

(7)購入假髮一批，若以 960 元為售價，則賠本 20%，問須定價多少，才可賺 15%？

(8)貨品成本單價 180 元，店主以定價九折售出，淨賺 10%，求定價。

(9)貨品定價比成本高三成，店主以定價八折售出，淨賺 100 元，求成本。

(10)甲乙丙各投資 150 萬、250 萬、300 萬，合股經商，甲任經理，以獲利一成為酬，其餘照投資額分配，如甲共得 73.8 萬元；問：乙丙各得多少？

(11)某種茶葉，若以（每公斤）1200（元）售出，則賺 4%，若欲賺 17%，售價應訂為多少？

(12)某書印刷成本每冊 75 元，作者版稅為售價 15%，經銷商賺售價 25%，而出版商欲賺售價 20%，問售價應訂為多少？

(13)分 127 為甲乙兩數，甲之 3 倍，等於乙之 4 倍減 39。求此兩數！

(14)雞兔同籠，有頭 25，足 70，求雞數、兔數！

⒂有大小兩種糖包，大包裝 12 斤，小包裝 5 斤，總共 18 包，總重 160 斤；求兩種包數。

⒃有拾元與五元幣共 17 枚，總共 145 元；問各有幾枚？

⒄一個小部隊，於駐地備有 80 日糧食；經 26 日後，增兵 2000 人，而所餘糧食僅足夠 10 日；問原有幾人？

 設原有 x 人；糧食 y（單位：「人日」！）

$$y = 80 * x$$

$$y = 26 * x + 10 * (x + 2000)$$

註 所有這些應用題，都可以用「算術」解決，不須要「代數」！但是，代數的好處是「不用傷腦筋」，一下子就算出來了！

問1 溫度計上，華氏刻度 F 與攝氏刻度 C 的關係是

$$F = 32 + 1.8 * C \; ; \; C = \frac{5}{9} * (F - 32)$$

何時兩個刻度相同？

2.3 聯立一次方程式

例題1 解下列方程式：

$$\begin{cases} 3x + 5y = 25 & \text{(a)} \\ 5x - 7y = 11 & \text{(b)} \end{cases}$$

 （方程式後面的標籤是我們自己加上去的！這樣子比較清楚！）

有兩個未知數！（叫做兩元方程式，）因此須要兩個方程式！

今最基本的想法是<u>消去法</u>：設法得到「只有一個未知數的單一個方程式」！

今以 5 遍乘(a)的兩側：

$$15x + 25y = 125 \quad \text{(c)}$$

今以 3 遍乘(b)的兩側：

$$15x - 21x = 33 \quad \text{(d)}$$

兩式相減(c) − (d)得到：

$$46y = 92 \text{ ; } y = 2$$

於是代入(a)，得：$x = 5$

註 這裡是「消去 x」，若是要改為「消去 y」，則：

(a)＊7：$21x + 35y = 175$

(b)＊5：$25x - 35y = 55$

相加：$46x = 230$

$$x = 5$$

代入(a)：$15 + 5y = 25$ ；$y = 2$

當然，算出一個元之後，要代入計算另一元時，可以選(a)，(b)之任一個！

 代入法：

我們可以從(a)解出 x：

$$x = \frac{25 - 5y}{3} \quad \text{(c')}$$

然後代入另一方程(b)：

$$5 * \frac{25 - 5y}{3} - 7y = 11 \text{ ; } \frac{125 - 25y}{3} - 7y = 11$$

$$\frac{92 - 46y}{3} = 0 \text{ ; } y = 2$$

於是代回(c')：$x = 5$

例題2 （和差問題）：解

$$\begin{cases} x + y = 27 & \text{(a)} \\ x - y = 17 & \text{(b)} \end{cases}$$

(a)＋(b)：$2x = 44$ ；$x = 22$

(a)－(b)：$2y = 10$，$y = 5$

例題3 解

$$\begin{cases} 3x + 4y = 14 & \text{(a)} \\ 4x + 3y = 7 & \text{(b)} \end{cases}$$

 係數對稱！

$$(a)+(b)：7(x+y)=21；x+y=3$$

$$(a)-(b)：y-x=7$$

於是變成和差問題！答：$x=-2$，$y=5$

習題 解下列聯立方程式：

(1) $\begin{cases} 3x+4y=14 \\ 7x-2y=10 \end{cases}$

(2) $\begin{cases} 7x+3y=8 \\ \dfrac{1}{2}x-5y=11 \end{cases}$

(3) $\begin{cases} 12x+14y=11 \\ 18x-6y=3 \end{cases}$

(4) $\begin{cases} 24x+10y=6 \\ 45x-20y=14 \end{cases}$

(5) $\begin{cases} x-3y-2=0 \\ 2x-y-10=0 \end{cases}$

(6) $\begin{cases} 11x+5y=1 \\ x-2y=5 \end{cases}$

(7) $\begin{cases} 5x+7y=31 \\ 2x+3y=13 \end{cases}$

(8) $\begin{cases} 3x+5y=22 \\ 7x-4y=20 \end{cases}$

(9) $\begin{cases} x+2y=4 \\ 3x-4y=-2 \end{cases}$

(10) $\begin{cases} 3x+4y=9 \\ 7x-3y=2 \end{cases}$

(11) $\begin{cases} 1.25x-0.75y=1 \\ 0.25x+1.25y=17 \end{cases}$

(12) $\begin{cases} \dfrac{x}{2}+\dfrac{y}{3}=-1 \\ \dfrac{x}{4}-\dfrac{2y}{3}=2 \end{cases}$

例題4 解 $\dfrac{x+1}{a+b}+\dfrac{x-1}{a-b}=\dfrac{2a}{a^2-b^2}$。

 這裡稍稍有一些心理障礙：出現文字常數 a，b。

如果記住公式 $a^2-b^2=(a-b)*(a+b)$，我們只要全式乘以 (a^2-b^2)，（這就是所謂的通分，）就得到：$(a-b)(x+1)+(a+b)(x-1)=2a$；其次，我們經常要：「把含 x 的項，括在一起！」，「把不含 x 的（常數）項，括在一起！」即：

$$((a-b)+(a+b))*x=2a-(a-b)+(a+b)$$

$$2ax=2a+2b；x=\frac{a+b}{a}$$

例題5 解 $\dfrac{a(a-x)}{b}+x+\dfrac{b(b-x)}{a}=0$。

 解 一方面要通分！即是：全式乘以 ab，得：

$$a^2(a-x)+abx+b^2(b-x)=0$$

一方面，「把含 x 的項，括在一起！」，「把不含 x 的（常數）項，括在一起！」

$$(a^2+b^2-ab)*x=a^3+b^3$$

如果記住公式 $a^3+b^3=(a+b)*(a^2-ab+b^2)$，則得 $x=(a+b)$

2.4 變形的聯立二元一次方程

【轉換法】

 例題1 解聯立方程：

$$\begin{cases} \dfrac{3}{x}-\dfrac{2}{y}=1 \\ \dfrac{2}{x}+\dfrac{5}{y}=26 \end{cases}$$

解 對付這些方程式，只要令 $X=\dfrac{1}{x}$，$Y=\dfrac{1}{y}$，就好了！

$$\begin{cases} 3X-2Y=1 & \text{(a)} \\ 2X+5Y=26 & \text{(b)} \end{cases}$$

$3*$(b)$-2*$(a)，就消去 X

$$19Y=76，Y=4；X=3$$

故 $x=\dfrac{1}{3}$，$y=\dfrac{1}{4}$

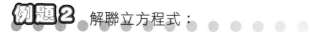

例題2 解聯立方程式：

$$\begin{cases} \dfrac{2}{x} - \dfrac{1}{y} = -4 \\ \dfrac{3}{x} - \dfrac{1}{2y} = -3 \end{cases}$$

解

$$\begin{cases} 2X - Y = -4 & \text{(a)} \\ 3X - \dfrac{1}{2}Y = -3 & \text{(b)} \end{cases}$$

$2*\text{(b)} - \text{(a)}$，就消去 Y

$4X = -2$，$X = \dfrac{-1}{2}$；$Y = 3$

故 $x = -2$；$y = \dfrac{1}{3}$

例題3 解聯立方程式：

$$\begin{cases} \dfrac{113}{x} + \dfrac{127}{y} = 2 \\ \dfrac{113}{x} - \dfrac{127}{y} = 0 \end{cases}$$

解 不必太死板！令 $X = \dfrac{113}{x}$，$Y = \dfrac{127}{y}$

故 $X + Y = 2$，$X - Y = 0$

即 $X = Y = 1$；$x = 113$，$y = 127$

2.5 聯立三元一次方程

【口號】只要脾氣好！

「三元(x, y, z)三個一次方程」的聯立，我們只要把它們變成「兩元兩個一次方程」的聯立，就好了：因為求出這兩元（未知數）之後，代入一個方程就要「求出剩下的元」，就只是「將已經求出者，代入一個方程」而已！

　　所以要先「打定主意」：要先從這三個方程中，「消去」哪個元？例如說是 z 吧，那麼，就要從這三個方程（標籤為(a)，(b)，(c)）中，由其中兩個，（例如說是(a)，(b)吧，）消去 y；然後再由另兩個，（例如說是(a)，(c)吧，）也消去 y。這就是戰略！

 解聯立三元一次方程：

$$\begin{cases} 2x+4y-3z=3 & \text{(a)} \\ 3x-8y+6z=1 & \text{(b)} \\ 8x-2y-9z=4 & \text{(c)} \end{cases}$$

解 先消去一元，例如 y，因為係數 2，4，8，是簡單的兩倍！

$$2*(a)+(b)：7x=7，即 x=1 \quad \text{(d)}$$
$$2*(c)+(a)：18x-21z=11 \quad \text{(e)}$$
$$代以(d)：18-21z=11$$
$$即：z=\frac{7}{21}=\frac{1}{3}，y=\frac{1}{2}$$

 解聯立三元方程：

$$(1) \begin{cases} 4x+2y+3z=1 & \text{(a)} \\ 5x+6y+5z=1 & \text{(b)} \\ 7x+y+4z=3 & \text{(c)} \end{cases}$$

解 先消去一元，例如 y，（因為第(c)式的 y，係數$=1$）

$$(a)-2*(c)：-10x-5z=-5$$
$$除以(-5)：2x+z=1 \quad \text{(d)}$$
$$6*(c)-(b)：37x+19z=17 \quad \text{(e)}$$

$19*(d)-(e)$，就消去 z：$x=2$

代入(d)或(e)，就得：$z=-3$

於是用此二者代入(a)，(b)，(c)之一，就求出 $y=1$

(2) $\begin{cases} 3x+4y-z=0 & \text{(a)} \\ 4x+7y+2z=0 & \text{(b)} \\ 5x+3y-7z=2 & \text{(c)} \end{cases}$

 先消去 z：

$$2*(a)+(b)：10x+15y=0，x=\frac{-3y}{2} \quad \text{(d)}$$

$$7*(a)-(c)：16x+25y=-2 \qquad \text{(e)}$$

代以(d)：$y=-2，x=3，z=1$

(3) $\begin{cases} \dfrac{3}{x}+\dfrac{y}{4}+\dfrac{z}{5}=3 \\[2mm] \dfrac{6}{x}+\dfrac{y}{2}+2z=14 \\[2mm] \dfrac{9}{x}+3y-2z=5 \end{cases}$

 你可以用 $X=\dfrac{1}{x}$，也可以用 $X=\dfrac{3}{x}$，此處用後者，稍微減輕負擔！

$$\begin{cases} X+\dfrac{y}{4}+\dfrac{z}{5}=3 & \text{(a)} \\[2mm] 2X+\dfrac{y}{2}+2z=14 & \text{(b)} \\[2mm] 3X+3y-2z=5 & \text{(c)} \end{cases}$$

先消去 X：

$$2*(a)-(b)：\frac{-8z}{5}=-8$$

$$即：z=5 \qquad \text{(d)}$$

$$3*(a)-(c)：\frac{-9y}{4}+\frac{13z}{5}=4 \quad \text{(e)}$$

代以(d)：$y=4$

代入(a)：$X=1，x=3$

(4) $\begin{cases} \dfrac{1}{x}+\dfrac{1}{y}-\dfrac{6}{z}=9 \\[2mm] \dfrac{1}{x}-\dfrac{1}{y}+\dfrac{4}{z}=5 \\[2mm] \dfrac{-2}{x}+\dfrac{3}{y}-\dfrac{1}{z}=4 \end{cases}$

當然用 $X = \dfrac{1}{x}$，$Y = \dfrac{1}{y}$，$Z = \dfrac{1}{z}$；先消去 X：

$$\begin{cases} X + Y - 6Z = 9 & \text{(a)} \\ X - Y + 4Z = 5 & \text{(b)} \\ -2X + 3Y - Z = 4 & \text{(c)} \end{cases}$$

$(a) - (b) : 2Y - 10Z = 4$

即：$Y - 5Z = 2$　　　(d)

$2*(a) + (c) : 5Y - 13Z = 22$　(e)

$(e) - 5*(d) : 12Z = 12$，$Z = 1$

代入(d)：$Y = 7$，$X = 8$

答：$x = \dfrac{1}{8}$，$y = \dfrac{1}{7}$，$z = 1$

例題2 解聯立三元一次方程：

$$\begin{cases} x + y = 11 \\ y + z = 13 \\ z + x = 12 \end{cases}$$

 這是<u>二元和差問題</u>的推廣！要點是：三方程式相加！

故：$2*(x + y + z) = 36$；$x + y + z = 18$

減去各式就好了！$z = 7$，$x = 5$，$y = 6$

另外一種說法是：兩式相加減去另一式！

習題2 解聯立四元方程：

$$\begin{cases} x + y + z = 47 \\ y + z + u = -5 \\ z + u + x = 55 \\ u + x + y = 17 \end{cases}$$

 習題 3 解聯立方程：

(1) $\begin{cases} x*y = 28 \\ y*z = 8 \\ z*x = 14 \end{cases}$ (2) $\begin{cases} x*y*z = 60 \\ y*z*u = 140 \\ z*u*x = 105 \\ u*x*y = 84 \end{cases}$

2.6 聯立一次方程式的應用

例題 1

兩列火車，各長 240，200（公尺）；今設反向而行，則自相遇到相離須 25 秒；若同向而行，則自相遇到相離須 225 秒；求兩車車速！

解 設兩車車速為 u, v（$v>u$，單位：「公尺／秒」！）

這裡用到「相對運動」的原理！車頭交會時起算，若是反向而行，則車頭的距離，將是每秒增加$(u+v)$；反之，若同向而行，則車頭的距離，將是每秒增加$(v-u)$，故：

$$\begin{cases} (240 + 200) = 25*(v+u) \\ (240 + 200) = 225*(v-u) \end{cases}$$

【單位】

應用問題必須注意單位！這裡速度單位取「公尺／秒」，通常只要甲車講一次，乙車就用同樣單位，不用再講了！

例題 2 （比例混合）：

有甲乙兩桶酒，取甲 3 杯與乙 2 杯混合，則含酒精濃度 40%，若取甲 1 杯與乙 2 杯混合，則含酒精濃度 32%，問甲乙兩桶之酒精濃度各如何？

 解 設甲乙兩桶之酒精濃度各為 x, y，若取甲 3 杯與乙 2 杯混合，則含酒精濃

度將是：

$$\frac{3}{3+2}x+\frac{2}{3+2}y$$

若取甲 1 杯與乙 2 杯混合，則含酒精濃度將是：

$$\frac{1}{1+2}x+\frac{1}{1+2}y$$

所以聯立方程式就是：

$$\begin{cases} \dfrac{3*x+2*y}{3+2}=0.40 \\ \dfrac{x+2*y}{1+2}=0.32 \end{cases}$$

你馬上解出：$x=0.52$，$y=0.22$

註 濃度單位，若用（百分率）%，那就必須註明！好處是一切都是「整數的計算」，你覺得比較自在！但是我建議 18% 就寫 0.18。

註 一元乎兩元乎？

前面的習題中，許多題目都可以寫成二元聯立！

例如說：§2.2 習題(13)，設未知數甲為 x，乙為 y，則成為二元聯立：

$$\begin{cases} x+y=127 \\ 3x=4y-39 \end{cases}$$

但是該處的練習，意思是：只要設未知數甲為 x，於是由心算，直接寫乙為 $127-x$，而方程式只有一元：

$$3x=4(127-x)-39$$

大致說來：該習題的 1-12 題，問一個未知數，當然是「一元方程式」；其它各題用二元方程式聯立，比較清爽！

習題

(1)某件工作，甲乙合作，則需 $\dfrac{36}{7}$ 日，甲丙合作則需 $\dfrac{22}{5}$ 日，現在三人合作 2 日後，甲退出，由乙丙合作，又經 $\dfrac{26}{17}$ 日才完成，問：若甲乙丙三人獨做，各需幾日？

(2)甲乙兩名工人，月薪之比為 6：5，開支之比為 8：7；今若兩人每月各儲蓄 16000，6000（元），求兩人月薪。

(3)某茶商有甲乙兩種茶葉，各以（每公斤）800，1100（元）購入，今混合兩者，而以 1135 元售出，淨賺 25%，求混合的比例。

(4)某校某次考試，成績表列如下：

	學生數	平均分數
女生	x	78
男生	36	65
全部	y	72

求 x，y。

(5)某工廠雇用工人共 30 人，其中男工每日工資 1200 元，女工每日工資 800 元，每日共發出工資 32000 元，若加班，則男工各加 400 元，女工各加 300 元，問加班日共要多發出多少錢？

(6)甲乙丙丁四人的年齡總和為 86；乙比甲的 $\frac{1}{3}$ 多 3 歲，丙比甲的 $\frac{1}{4}$ 多 1 歲，丁只是甲的 $\frac{1}{8}$；求各幾歲？

(7)某人購入上中下三種茶葉，各為每斤 1600，1200，640（元），共 17 斤，花費 17920 元；而下茶為上茶兩倍重，求各買了多少斤？

(8)某工廠雇用男女工共 115 人；今因調去男女工總數 22 人到他廠，不調動的 93 人中，增薪 25%，結果男工每日工資 2500 元，女工每日工資 2000 元，每日共發出的工資 210000 元，還是與原本的一樣！問調走男工女工各多少人？

問2 溫度計上，另外有一種克氏刻度 K，它與攝氏刻度 C 的關係是

$$K = 273 + C ； C = K - 273$$

何時華氏刻度 F 與克氏刻度 K 相同？

CHAPTER 3

[多項式]

3.1 由單項式到多項式

【數與四則】

算術的主角，就是「數」，各式各樣的數：自然數、（正負）整數、正有理分數、小數。數與數之間可以有四「則」運算。

實際上最簡單的「數」，應該算「自然數」，最簡單的運算，就是加法，自然數與自然數相加，還是自然數！

其次，為了加法的反算，就發明了「減法」：求？，使得：$3 + ? = 5$，則：$? = 5 - 3 = 2$。（「方程式」的意思就是改？為 x，寫出 $3 + x = 5$ 而求解。）當「沒辦法」找到自然數來解決 $5 + x = 3$ 的時候就發明了負（整）數！（其實 0 的發明，也是同樣的理由：$x + 4 = 4$ 在自然數中無解！）

乘法顯然是麻煩一些的運算！自然數與自然數相乘，還是自然數！為了乘法的反算，就發明了「除法」：求？，使得：$3 * ? = 48$，則：$? = 48 \div 3 = 16$。（方程式的意思就是改？為 x，寫出 $3 * x = 48$ 而求解。）當「沒辦法」找到自然數來解決 $5 * x = 3$ 的時候就發明了（有理）正分數！（而我們也立下一個規矩：不可以用 0 去除任何數！）

【單元多項式】

我們學過一次方程式，就知道代數是非常方便的工具！我們設定未知數 x，y，然後就可以立下方程式，再利用移項的原理，很快就得到答案了！

代數與算術的區別，就在於有新的「材料」，因為代數的主角，就是

「式」，各式各樣的式；代數式的「素材」，除了「數」之外，還有<u>文字變數</u>，或稱為「元」。我們將從最簡單的只含有單獨一元的代數式談起。以下這個文字變數，照通常的習慣，就寫為 x，而我們所談的就是關於 x 的多項式。

由 x，和「數」，利用加減乘三則運算所能得到的東西，就是 x 的多項式。

【式的運算規則】

我們只堅持一點：所有的關於數 a 的運算規則，對於多項式，也必須繼續保持！

【減法不用提】

實際上我們不必提減法：關於數 a，b，

$$a-b=a+(-1)*b$$

所以只要有加法與「乘以 -1」這兩個運算，就可以造出減法了！

照規定：所有的數都是「多項式」，只不過是很無聊而已！而且，數與數之間的運算仍然得到「數」，不會有新東西！會有新東西，乃是有文字變數 x 的緣故！

由 x 與數 a，相加得 $x+a=a+x$；也可以相乘得 $a*x=x*a$，我們習慣上就記為 ax，把乘號省略掉，而且把常數寫在前面！

當然，類似於（對於常數 a）：

$$a*1=1*a$$

我們也要求：

$$1*x=x*1=x（具么律）$$

於是若係數為 1，就常常省略！若係數為 -1，就常常把 $(-1)*x$ 省略為 $-x$；那麼 $4-x$ 讀成「4 減 x」，或「4 加負 x」，完全無異！

又有加又有乘，我們就可以得到 $a*x+b$（這裡 a，b 是常數），這樣子，我們得到所有的一次以下的多項式！

那 x 與 x 自己相加減，得不到新東西！這是因為：類似於數 a，

$$a+a=a*2=2*a；a-a=0$$

我們也要求：

$$x + x = x * 2 = 2 * x = 2x \; ; \; x - x = 0$$

【高次式】

要得到新東西，我們必須讓 x 與自己相乘，實際上，類似於

$$a^3 := a * a * a \; ; \; a^0 := 1$$

我們也把 $x * x$ 寫為 x^2，同樣地，把 $x * x * x$ 寫為 x^3，依此類推！這樣子我們就得到 x 的乘冪。

$$x^3 := x * x * x \; ; \; \cdots \; ; \; x^0 := 1$$

這種乘冪前面可以附上一個係數，就叫做一個<u>單項式</u>；它的次數就是 x 的指數；幾個單項式加起來就是一個<u>多項式</u>；數學上的習慣是把單項式說成多項式的特例。

例題 1

$5x^4 - 3x^2 + 6x - 7$ 是個多項式；你可以認為它是四項相加：$5x^4$，$-3x^2$，$6x$，-7，當然也可以說是：$5x^4$，減去 $3x^2$ 再加 $6x$，再減去 7；各項都有其「次數」，而常數項說成「零次」。

問題 1

上述的例子「缺了三次項」，請問完全無缺的七次多項式，一共有幾項？

【多項式的命名】

上例的 $5x^4 - 3x^2 + 6x - 7$ 是個無名多項式，但是我們可以臨時給它一個名字，例如寫：

令 $F = 5x^4 - 3x^2 + 6x - 7$；那麼在那一陣子的討論中，它就有名字了！

【降冪式】

此處的各項是「依照次數遞降」來寫出的！這是最常見的方式，叫做<u>降冪式</u>；偶爾也用升冪式，順序弄亂通常是非常不利的！（意思是急著要製造錯誤的機會！）

最高次項寫在最前面，就是<u>領導項</u>，而這個次數就是整個多項式的<u>次數</u>。簡寫為 deg；在上例，$\deg(F) = 4$。

例題2 （么領多項式）：

$G = x^3 + 6x^2 + 12x + 8$ 是三次多項式（無缺項！）；它的最高次項（領導項）是 x^3，係數 $= 1$，因此這是個么領多項式！

☞補充：二元的情形

我們也可以討論關於兩個文字變數 x，y 的多項式，那是幾個單項式的和，而單項式則是在 x，y 的乘冪之積 $x^m * y^n = x^m y^n$ 之前乘上一個常數係數；例如說 $H := 2x^3 + 4y^4 + 5y^2 - 4x + 5x^2y^3 - 6y + 4xy^2 - 3$，就是個關於 x，y 二元的多項式；而我們的第一個問題就是：要怎麼寫（整理）？

有一種觀點是站在文字變數 x 的立場，而把 y 看成「常數」！那麼就寫成 x 的三次式：

$$2x^3 + 5y^3 * x^2 + (4y^2 - 4)x + (4y^4 + 5y^2 - 6y - 3)$$

當然也可以站在文字變數 y 的立場，寫成 y 的四次式：

$$4y^4 + 5x^2y^3 + (4x + 5)y^2 - 6y + (2x^3 - 4x - 3)$$

第三種觀點是對 x，y「平等無偏」，這樣說起來，是（x，y）的（無缺！）五次式：

$$5x^2y^3 + 4y^4 + (2x^3 + 4xy^2) + 5y^2 + (-4x - 6y) - 3$$

（這裡把齊三次項與齊一次項括清楚！）

【二元齊次多項式】

上例第三種觀點，當然 x，y 的地位完全相同，可是它的齊三次項與齊一次項還是必須擇定順序！有時是要看題目的意思來決定！否則，就依慣例：照「字典順序」。

例如：$5x^4 + 9x^3y - 3x^2y^2 + 6xy^3 - 7y^4$ 是（x，y）的（無缺！）齊四次式！它對 x 降冪，當然是對 y 升冪！

3.2 式子的運算——加減

例題1 （算術的加法）：我們回憶起（小學算術）直式的加法

$$
\begin{array}{r}
2\ \ 2\ \ 3 \\
+)\ \ 5\ \ 2\ \ 4 \\
\hline
7\ \ 4\ \ 7
\end{array}
$$

例題2 現在計算 $(2x^2+2x+3)+(5x^2+2x+4)$，直式的加法如下：

$$
\begin{array}{r}
2x^2\ +\ 2x\ +\ 3 \\
+)\ \ 5x^2\ +\ 2x\ +\ 4 \\
\hline
7x^2\ +\ 4x\ +\ 7
\end{array}
$$

註 你必須對準同次項！（因此必須注意「缺項」！）

你看得出來：兩者很相像！當然，在多項式的情形，係數不限定是阿拉伯數碼！可以是負的！也可以是小數、分數。

例題3 （減法）：現在計算 $(2x^2+2x+3)-(5x^2+2x+4)$，直式的減法如下：

$$
\begin{array}{r}
2x^2\ +\ 2x\ +\ 3 \\
-)\ \ 5x^2\ +\ 2x\ +\ 4 \\
\hline
-3x^2\qquad\quad\ -\ 1
\end{array}
$$

【分離係數法】

其實我們可以就「只寫係數」，而進行加減計算！要點是：「每項要有加減號」，缺項就寫+0；從常數項起，自右往左，對齊！那麼例題2就和它之上的算術幾乎完全一樣！（但，首項之後，「每項要有加減號」！）

$$
\begin{array}{rrrr}
 & 2 & + \ 2 & + \ 3 \\
+) & 5 & + \ 2 & + \ 4 \\
\hline
 & 7 & + \ 4 & + \ 7
\end{array}
$$

例題 3 成為（注意：缺項寫+0）：

$$
\begin{array}{rrrr}
 & 2 & + \ 2 & + \ 3 \\
-) & 5 & + \ 2 & + \ 4 \\
\hline
 & -3 & + \ 0 & - \ 1
\end{array}
$$

習題 計算下列各式：●●●●●●●●●

(1) $(5x^4 - 2x^2 + 3x - 7) + (6x^5 - 4x^3 + x^2 + 4x - 7)$

(2) $(8x^4 - 5x^3 - 4x^2 + 7) - (8x^4 - 6x^3 + x^2 + 3x - 5)$

(3) $(6x^6 - 5x^5 + 4x^4 - 3x^3 + 2x^2 - x) - (5x^6 - 5x^4 - 5x^3 + 5x^2 + 2x + 3)$

(4) $(3x^4 - 4x^2 + 2x + 7) - (3x^3 - 6x^2 + 4x + 5)$

3.3 式子的運算——交叉相乘法

【乘法】

我們回憶起（小學算術）直式的乘法：

$$
\begin{array}{r}
2 \ 2 \ 3 \\
*) \qquad 1 \ 2 \\
\hline
4 \ 4 \ 6 \\
2 \ 2 \ 3 \quad \\
\hline
2 \ 6 \ 7 \ 6
\end{array}
$$

請計算直式的乘法：$(2x^2 + 2x + 3) * (x + 2)$。結果是：

$$2x^2 \;+\; 2x \;+\; 3$$
$$*)\qquad\qquad\qquad x \;+\; 2$$
$$4x^2 \;+\; 4x \;+\; 6$$
$$2x^3 \;+\; 2x^2 \;+\; 3x$$
$$2x^3 \;+\; 6x^2 \;+\; 7x \;+\; 6$$

用分離係數法，就是：

$$2 \;+\; 2 \;+\; 3$$
$$*)\qquad\qquad\qquad 1 \;+\; 2$$
$$4 \;+\; 4 \;+\; 6$$
$$2 \;+\; 2 \;+\; 3$$
$$2 \;+\; 6 \;+\; 7 \;+\; 6$$

（和算術幾乎完全一樣！）

習題 計算下列各式：

(1) $(5x^4 - 2x^2 + 3x - 7)*(3x^2 + 4x - 7)$

(2) $(8x^4 - 5x^3 - 4x^2 + 7)*(2x^2 + 3x - 5)$

【次數原理】

若有兩個多項式 F 與 G，其乘積為 $H = F*G$，則其次數為 F，G 的次數之和：

$$\deg(F*G) = \deg(F) + \deg(G)$$

「有聊」的乘法，總要 $\deg(F) > 0$，$\deg(G) > 0$；因此最簡單而又有聊的情形，就是一次式的相乘！

【（小學算術）乘法練習】

你必須心算！$11*11 = ?$

先嘴巴唸一遍題目，「11 乘 11」，這是「幾拾幾」乘「幾拾幾」，將得到「幾百幾拾幾」！

百位上，是 1；拾位上，是 $1+1=2$；個位上，是 1；因此是 121。

$$11*11 = 121$$
$$12*11 =$$
$$13*11 =$$
$$14*11 =$$
$$15*11 =$$
$$16*11 =$$
$$17*11 =$$
$$18*11 =$$
$$19*11 =$$

【（初中代數）乘法練習】

你必須心算！$(x+1)*(x+2) = ?$

先嘴巴唸一遍題目，「$x+1$ 乘 $x+2$」，這是「一次式」乘「一次式」，將得到「二次式」！

二次項，是 x 乘 x，是 x^2，用係數來說：$1*1 = 1$；一次項，是：「左因子」$(x+1)$的 x，乘「右因子」$(x+2)$的 2，加上「右因子」$(x+2)$的 x，乘「左因子」$(x+1)$的 1，和是 $2+1 = 3$；常數項，是 $1*2 = 2$；因此，答案是 x^2+3x+2，以「分離係數法」來說，是 $1+3+2$，差不多就是 132。

$$(x+1)*(x+1) =$$
$$(x+2)*(x+1) = x^2+3x+2$$
$$(x+3)*(x+1) =$$
$$(x+4)*(x+1) =$$
$$(x+5)*(x+1) =$$
$$(x+6)*(x+1) =$$
$$(x+7)*(x+1) =$$
$$(x+8)*(x+1) =$$
$$(x+9)*(x+1) =$$

【（小學算術）乘法練習】

你必須心算！

$$12 * 11 = 132$$

$$12 * 12 =$$

$$12 * 13 =$$

$$12 * 14 =$$

$$12 * 15 =$$

$$12 * 16 =$$

$$12 * 17 =$$

$$12 * 18 =$$

【（初中代數）乘法練習】

你必須心算！

$$(x+1) * (x+2) = x^2 + 3x + 2$$

$$(x+2) * (x+2) =$$

$$(x+3) * (x+2) =$$

$$(x+4) * (x+2) =$$

$$(x+5) * (x+2) =$$

$$(x+6) * (x+2) =$$

$$(x+7) * (x+2) =$$

$$(x+8) * (x+2) =$$

$$(x+9) * (x+2) =$$

$$(x-1) * (x+2) =$$

$$(x-2) * (x+2) =$$

$$(x-3) * (x+2) =$$

$$(x-4) * (x+2) =$$

$$(x+3) * (x+4) =$$

$$(x+5) * (x+6) =$$

$$(x+9)*(x+7)=$$

$$(x+9)*(x-2)=$$

$$(x-9)*(x+8)=x^2+(8-9)x-72=x^2-x-72$$

【交叉相乘法】

以上你已經熟悉了（「ㄠ領的」）交叉相乘法：

$$(x+a)*(x+b)=x^2+(a+b)x+(a*b)$$

現在再練習（小學算術）乘法，必須心算！

$$21*13=273$$

$$21*14=$$

$$21*22=$$

$$21*23=$$

$$21*24=$$

$$22*13=$$

當然就要做（初中代數）乘法心算！

$$(2x+1)*(x+3)=2x^2+7x+3$$

$$(2x+1)*(x+4)=$$

$$(2x+1)*(x+5)=$$

$$(2x+1)*(2x+2)=$$

$$(2x+1)*(2x+4)=$$

$$(2x+3)*(3x+1)=$$

$$(2x+7)*(3x+2)=$$

$$(4x-3)*(3x+2)=$$

$$(3x+3)*(4x+1)=$$

$$(3x+7)*(3x-2)=$$

$$(4x-5)*(5x+2)=$$

$$(2x+5)*(3x+4)=$$

$$(5x+6)*(2x-3)=$$

$$(7x-3)*(4x+5)=$$

以上你已經熟悉了交叉相乘法，公式是：

$$(ax+p)*(bx+q) = (a*b)x^2 + (a*q+b*p)x + (p*q)$$

註 當然公式裡的 a，b，p，q，都是代表一個常數。其身份與文字變數 x 不同！

問題 　$803*807 = 648021$；請問 $32*83 = ?$ $52*94 = ?$ $2006*3004 = ?$

☞補充：二元的情形

如果兩個因子都是兩個文字變數 x，y 的齊一次式，那麼交叉相乘法也說得通！

【么領的二元交叉相乘法練習】

你必須心算！

$$(x+y)*(x+2y) = x^2 + 3xy + 2y^2$$
$$(x+2y)*(x+2y) =$$
$$(x+3y)*(x+2y) =$$
$$(x+4y)*(x+2y) =$$
$$(x+5y)*(x+2y) =$$
$$(x+6y)*(x+2y) =$$
$$(x+7y)*(x+2y) =$$
$$(x+8y)*(x+2y) =$$
$$(x+9y)*(x+2y) =$$
$$(x-y)*(x+2y) =$$
$$(x-2y)*(x+2y) =$$
$$(x-3y)*(x+2y) =$$
$$(x-4y)*(x+2y) =$$
$$(x+3y)*(x+4y) =$$
$$(x+5y)*(x+6y) =$$
$$(x+9y)*(x+7y) =$$
$$(x+9y)*(x-2y) =$$

$$(x - 9y) * (x + 8y) = x^2 + (8 - 9)xy - 72y^2 = x^2 - xy - 72y^2$$

【非么領的二元交叉相乘法練習】

$$(2x + y) \ * (x + 3y) \quad = 2x^2 + 7xy + 3y^2$$

$$(2x + y) \ * (x + 4y) \ =$$

$$(2x + y) \ * (x + 5y) \ =$$

$$(2x + y) \ * (2x + 2y) =$$

$$(2x + y) \ * (2x + 4y) =$$

$$(2x + 3y) * (3x + \ y) =$$

$$(2x + 7y) * (3x + 2y) =$$

$$(4x - 3y) * (3x + 2y) =$$

$$(3x + 3y) * (4x + \ y) =$$

$$(3x + 7y) * (3x - 2y) =$$

$$(4x - 5y) * (5x + 2y) =$$

$$(2x + 5y) * (3x + 4y) =$$

$$(5x + 6y) * (2x - 3y) =$$

$$(7x - 3y) * (4x + 5y) =$$

3.4 二次式之因式分解——交叉相乘法

【因式分解】

例如，有兩個多項式 $F := 2x + 1$；$G := x + 3$；則我們可以算出其乘積為 $H :=$ $F * G = 2x^2 + 7x + 3$；那麼這個「乘法」的「反算」是什麼？

除法嗎？Yes and No。

Yes：如果給你 F 與 H，要你算出 $G = H \div F$，那就是除法！

No：如果只給你 H，要你算出 F 與 G，那就不是除法！這就是因式分解。

由前面說過的次數原理，最簡單而又有聊的因式分解，就是一次式相乘的反算！

【（小學算術）因數分解練習】

你必須心算！

$$132 = 12 * 11$$
$$144 = 12 *$$
$$156 = 13 *$$
$$168 = 14 *$$
$$273 = 21 *$$
$$294 = 21 *$$
$$462 = 22 *$$
$$483 = 23 *$$
$$286 = 22 *$$

【二次三項式之交叉相乘因式分解】

$$x^2 + 3x + 2 = (x + 2) * (x + 1)$$
$$x^2 - 3x + 2 = (x - 2) *$$
$$x^2 + 5x + 6 =$$
$$x^2 + 6x + 8 =$$
$$2x^2 + 7x + 3 =$$
$$2x^2 + 9x + 4 =$$
$$4x^2 + 8x + 3 =$$
$$7x^2 + 39x - 18 =$$
$$x^2 - 3x - 40 =$$
$$x^2 - 7x + 12 =$$
$$210x^2 + 299x - 32 =$$
$$20x^2 - x - 99 =$$
$$x^2 + x - 132 =$$
$$3x^2 + 10x + 8 =$$

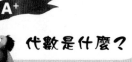
☞簡單而重要的警告：以上這些題目都是整係數的二次三項式 $ax^2 + bx + c$，

（a，b，c都是整數！）那麼，我們希望可以有整係數的因式分解；到底行得通行不通，由判準（「判別式」）

$$D := b^2 - 4ac$$

是否為完全平方來決定！

☞附錄：二元齊二次三項式之交叉相乘因式分解

$$x^2 + 3xy + 2y^2 = (x + 2y) * (x + y)$$

$$x^2 - 3xy + 2y^2 = (x - 2y) *$$

$$x^2 + 5xy + 6y^2 =$$

$$x^2 + 6xy + 8y^2 =$$

$$2x^2 + 7xy + 3y^2 =$$

$$2x^2 + 9xy + 4y^2 =$$

$$4x^2 + 8xy + 3y^2 =$$

$$7x^2 + 39xy - 18y^2 =$$

$$x^2 - 3xy - 40y^2 =$$

$$x^2 - 7xy + 12y^2 =$$

$$210x^2 + 299xy - 32y^2 =$$

$$20x^2 - xy - 99y^2 =$$

$$x^2 + 2xy + \frac{15}{16}y^2 =$$

$$3x^2 + 10xy + 8y^2 =$$

問題 雜題（因式分解）：

(1) $xy + 7x - 3y - 21$

(2) $x^4 - 8x^2y + 15y^2$

(3) $272 - xy^2 - x^2y^4$

(4) $x^2 - 2xy + y^2 - 9x + 9y + 14$

3.5.1 平方公式

$$(X+Y)^2 = X^2 + 2*X*Y + Y^2$$

問題 1. 在上式中，如果 $X = m*10$，$Y = 5$，將如何？

2. 心算！

   15^2，25^2，35^2，45^2，55^2，65^2，75^2，85^2，95^2，105^2，245^2，995^2

3. 求以下的近似值！（小數點之下第 5 位）

   (1) 1.00002^2

   (2) 2.00002^2

   (3) 10.00003^2

4. 計算

   (1) $(X+Y+Z)^2$

   (2) $(X+Y+Z+U)^2$

   (3) $(X+Y+Z-U-V+W)^2$

   (4) $(x^2+3x+1)^2$

註 平方公式，簡單而重要；它有兩個變形：

$$X^2 + Y^2 = (X+Y)^2 - 2*(X*Y)$$
$$2*(X*Y) = (X+Y)^2 - (X^2+Y^2)$$

怎麼解釋？

前一個說：若知道兩數的和，以及兩數的積，就知道兩數的平方和；

後一個說：若知道兩數的和，以及兩數的平方和，就知道兩數的積；

原公式說：若知道兩數的平方和，以及兩數的積，就知道兩數和的平方！

3.5.2 二項式公式

【算術的二項式公式】

$$11^2 = 121$$
$$11^3 = 1331$$
$$11^4 = 14641$$

【代數的二項式公式】

$$(x+1)^2 = x^2 + 2x + 1$$
$$(x+1)^3 = x^3 + 3x^2 + 3x + 1$$
$$(x+1)^4 = x^4 + 4x^3 + 6x^2 + 4x + 1$$
$$(x+1)^5 = x^5 + 5x^4 + 10x^3 + 10x^2 + 5x + 1$$
$$(x+1)^6 = x^6 + 6x^5 + 15x^4 + 20x^3 + 15x^2 + 6x + 1$$
$$(x+1)^7 = x^7 + 7x^6 + 21x^5 + 35x^4 + 35x^3 + 21x^2 + 7x + 1$$

【二項式公式（這是推廣上述公式！）】

$$(X+Y)^3 = X^3 + 3X^2Y + 3X*Y^2 + Y^3$$
$$(X+Y)^4 = X^4 + 4X^3Y + 6*X^2*Y^2 + 4X*Y^3 + Y^4$$
$$(X+Y)^5 = X^5 + 5X^4Y + 10*X^3*Y^2 + 10X^2*Y^3 + 5X*Y^4 + Y^5$$
$$\vdots$$
$$(X+Y)^n = X^n + \cdots + C_m^n X^{n-m}*Y^m + \cdots + Y^n$$

這些係數叫做二項係數或 Pascal 係數；

C_3^5 是第 5 列第 3 行元素！（只是你都要從零算起！）

$$
\begin{array}{ccccccccccccccccccc}
 & & & & & & & & & 1 & & & & & & & & & \\
 & & & & & & & & 1 & & 1 & & & & & & & & \\
 & & & & & & & 1 & & 2 & & 1 & & & & & & & \\
 & & & & & & 1 & & 3 & & 3 & & 1 & & & & & & \\
 & & & & & 1 & & 4 & & 6 & & 4 & & 1 & & & & & \\
 & & & & 1 & & 5 & & 10 & & 10 & & 5 & & 1 & & & & \\
 & & & 1 & & 6 & & 15 & & 20 & & 15 & & 6 & & 1 & & & \\
 & & 1 & & 7 & & 21 & & 35 & & 35 & & 21 & & 7 & & 1 & & \\
 & 1 & & 8 & & 28 & & 56 & & 70 & & 56 & & 28 & & 8 & & 1 & \\
1 & & 9 & & 36 & & 84 & & 126 & & 126 & & 84 & & 36 & & 9 & & 1 \\
\end{array}
$$

$$1 \quad 10 \quad 45 \quad 120 \quad 210 \quad 252 \quad 210 \quad 120 \quad 45 \quad 10 \quad 1$$

【Pascal 定理】

每一列的一個係數都是上一列的兩個之和！

因此，如果 $n=p$ 是質數，（如 $n=3$，5，7，）除了頭尾 $=1$ 以外，二項係數都是 p 的倍數！

問題 1 計算 11^2；11^3，11^4；11^5；最後一個很討厭！$11^5=161051$

問題 2 計算近似值（到第 5 位小數）：

(1) 1.01^3

(2) 1.02^3

(3) 1.002^3

(4) 1.0003^3

3.5.3 割圓恆等式

【平方差公式】

$$X^2 - Y^2 = (X - Y) * (X + Y)$$

問題 1 計算：

(1) $98 * 102$

(2) $51 * 49$

(3) $104 * 106$

(4) $34 * 36$

【割圓恆等式】

這是推廣上述公式！

$$X^3 - Y^3 = (X - Y) * (X^2 + X * Y + Y^2)$$
$$X^4 - Y^4 = (X - Y) * (X^3 + X^2 * Y + X * Y^2 + Y^3)$$

$$X^5 - Y^5 = (X - Y) * (X^4 + X^3 * Y + X^2 * Y^2 + X * Y^3 + Y^4)$$

$$\vdots$$

問題2 分解因式：

$$(1) x^3 \mp y^3$$

$$(2) x^6 - y^6$$

【定理】

若 n 為奇數，則 $x^n + y^n$ 有因式 $x + y$。

3.6 分離係數法的應用

3.6.1 乘法

習題1

(1) $(2x^4 - 3x^3 - 4x + 1)(x^2 - 6x - 9)$

(2) $(x^2 - 5x + 3)(2x - 1)$

(3) $(x^3 + 6x^2 + 24x + 60)(x^3 - 6x^2 + 12x + 12)$

(4) $(2x^4 - 3x^3 + 2x^2 - 5x + 1)(x^2 - 2x - 1)$

(5) $(2x^2 - 3x - 5)(3x^3 - 2x^2 + x)$

習題2

(1) $(2x^4 - 3x^3y - 4xy^3 + y^4)(x^2 - 6xy - 9y^2)$

(2) $(x^2 - 5xy + 3y^2)(2x - y)$

(3) $(x^3 + 6x^2y + 24xy^2 + 60y^3)(x^3 - 6x^2y + 12xy^2 + 12y^3)$

(4) $(2x^4 - 3x^3y + 2x^2y^2 - 5xy^3 + y^4)(x^2 - 2xy - y^2)$

(5) $(2x^2 - 3xy - 5y^2)(3x^3 - 2x^2y + xy^2)$

3.6.2 帶餘除法

 $(x^4 - 3x^3 + 4x^2 + x) \div (-x^2 + 1)$

 把$(-x^2 + 1)$（變號）改為$x^2 - 1$，只是商變號，餘式不變！

			1	−3	+5
1+0−1	1	−3	+4	+1	+0
	1	+0	−1		
		−3	+5	+1	
		−3	+0	+3	
			+5	−2	+0
			+5	+0	−5
				−2	+5

因此：商（變號）$= x^2 - 3x + 5$；餘式$= -2x + 5$

$$x^4 - 3x^3 + 4x^2 + x = (-x^2 + 1) * (-x^2 + 3x - 5) + (-2x + 5)$$

習題

(1) $(15x^4 - x^3 - x^2 + 41x - 70) \div (3x^2 - 2x + 7)$

(2) $(9x^5 - 15x^4 - 8x^3 + 13x^2 - 21x + 6) \div (3x^3 + 2x^2 + 3)$

(3) $(x^2 - 3x - 4) \div (x + 1)$

(4) $(6x^3 - 3x^2 - 4x + 2) \div (2x - 1)$

(5) $(x^4 + x^3 - 8x^2 + 19x - 15) \div (x^2 + 3x - 5)$

(6) $(x^5 - 2x^4 - 4x^3 - 5x^2 - 23x - 7) \div (x^3 + 3x + 1)$

(7) $(28x^3 - 13x^2 - 26x + 15) \div (7x^2 + 2x - 5)$

(8) $(6x^4 - 13x^3 + 13x^2 - 13x - 5) \div (2x^2 - 3x - 1)$

(9) $(x^4 + x^3 - 24x^2 - 28x + 51) \div (x^2 + 2x - 3)$

【除法原理】

對於（文字變數為 x 的）兩個多項式 F，G，

若次數 $\deg(F) \geq \deg(G) > 0$，則可得商式 Q，與餘式 R，使得：

$$F = G * Q + R \text{；} \deg(Q) = \deg(F) - \deg(G) \text{；且 } \deg(R) < \deg(G)$$

【餘數定理】

對於上述除法，若 $G = x - b$，則 $\deg(R) \leq 0$，即為常數，（因此可以叫做餘數！）而且：R 就是將 F 中 x 用 b 代入所計算出來的值！

3.6.3 綜合除法

 以 $x - 2$ 去除 $F = 2x^4 - 5x^2 - 7x + 9$。

 記住 $x - 2$ 是么領一次式！因此：商的首項一定是被除式的首項，只是次數減 1！

用分離係數法：

			2	+4	+3	−1
1	−2	2	+0	−5	−7	+9
		2	−4			
			4	−5		
			4	−8		
				3	−7	
				3	−6	
					−1	+9
					−1	+2
						7

現在我們可以大大減少空間的浪費：

1. 左下方出現的 2，4，3，−1 都可以刪去！（但最後的餘數 7 要留著！）

我們暫時打上★號；而且我們不需要每次抄下被除式的項，因此也打上 ● 號，情形變成：

```
              2    +4   +3   -1
  1   -2 │ 2   +0   -5   -7   +9
         │ ★   -4
         ─────────
           4    ●
         │ ★   -8
         ─────────
           3    ●
         │ ★   -6
         ─────────
           -1   ●
         │ ★   +2
         ─────────
                7
```

2. 我們把所有的★，●都刪去，（它們都跟該行上方的項一樣！不寫也罷！）再把縱長壓縮，就成為：

```
              2    +4   +3   -1
  1   -2 │ 2   +0   -5   -7   +9
         │ ★   -4   -8   -6   +2
         ───────────────────────
           4    +3   -1   ‖7
```

這一來商式不用寫了！變成：

```
  1   -2 │ 2   +0   -5   -7   +9
         │ ★   -4   -8   -6   +2
         ───────────────────────
           4    +3   -1   ‖7
```

這裡「么領一次式」的首項必定是 1，故可以刪去！

3. 最後列的各項，乘上 −2，就被寫到它的「右上」，這是要從被除式「扣減者」。因此之故，我們寧可重抄一遍被除式的領導項係數 2，於最下列的首位；現在是：

```
  -2 │ 2   +0   -5   -7   +9
     │ ★   -4   -8   -6   +2
     ───────────────────────
       2    4   +3   -1   ‖7
```

4. 把最左邊 $-b=-2$（代表么領一次的除式 $x-b=x-2$）移到最右（分隔開），並且變號為 $b=2$；那麼，「扣減的列」可以全部變號，而我們就改減為加！

74

$$\begin{array}{rrrrr|r}
2 & +0 & -5 & -7 & +9 & 2 \\
  & 4 & 8 & 6 & -2 & \\
\hline
2 & 4 & +3 & -1 & \| 7 &
\end{array}$$

 習題 1 以綜合除法計算：

(1) $(2x^3 + 3x^2 - 4x + 1) \div (x + 2)$

(2) $(3x^3 + 16x^2 - 13x - 6) \div (3x + 1)$

(3) $(4x^5 - 5x^3 + 4x^2 - 9x + 7) \div (2x - 1)$

(4) $(2x^4 - x^3 - 7x^2 + 7x - 10) \div (x - 2)$

(5) $(x^6 + 4x^4 - 8x^2 - 12) \div (x^2 - 4)$

習題 2 （割圓恆等式）：以綜合除法計算：

$(x^n - 1) \div (x - 1) = x^{n-1} + x^{n-2} + \cdots + x + 1$

$(x^n - a^n) \div (x - a) = x^{n-1} + x^{n-2}a + x^{n-3}a^2 + \cdots + a^{n-1}$

3.7 變數代換法因式分解

【澈底】

請做因式分解：$F = (x^2 + 4x + 3)(x^2 + 12x + 35)$

答案當然是：$(x + 1)(x + 3)(x + 5)(x + 7)$

 例題 1 將 $F = x^4 - 13x^2 + 36$ 分解因式！

解 記 $X = x^2$，則 $F = X^2 - 13X^2 + 36 = (X - 4)(X - 9) = (x^2 - 4)(x^2 - 9)$

那麼再將兩個因子分別繼續分解：

$$F = (x - 2)(x + 2)(x - 3)(x + 3)$$

代數是什麼？

 例題2 將 $F = (x^2 - 4x)^2 - 2(x^2 - 4x) - 15$ 分解因式！

解 記 $X = (x^2 - 4x)$，則 $F = X^2 - 2X - 15$，而這是可以交叉相乘因式分解的：

$$F = (X + 3)(X - 5) = (x^2 - 4x + 3)(x^2 - 4x - 5)$$

那麼再將兩個因子分別繼續交叉相乘因式分解：

$$(x^2 - 4x + 3) = (x - 3)(x - 1)$$
$$(x^2 - 4x - 5) = (x - 5)(x + 1)$$

因此得到：

$$F = (x - 3)(x - 1)(x - 5)(x + 1)$$

習題1 請做因式分解：

(1) $(x^2 + 5x)^2 + 10(x^2 + 5x) + 24$

(2) $(x^2 - 3x)^2 - 2(x^2 - 3x) - 8$

(3) $(x^2 + 2x)^2 - 11(x^2 + 2x) + 24$

(4) $(x^2 + 3x - 2)(x^2 + 3x + 4) - 16$

(5) $(x^2 + 7x + 6)(x^2 + 7x + 12) - 280$

(6) $(x^2 + x)^2 + 4(x^2 + x) - 12$

(7) $(x^2 - 2x + 3)^2 - 13(x^2 - 2x + 3) + 22$

(8) $9x^2(x - 1)^2 - 30x(x - 1) - 56$

 例題3 將 $F = (x + 1)(x + 3)(x + 5)(x + 7) + 15$ 分解因式！

解 今 $(x + 1)(x + 7) = x^2 + 8x + 7$；$(x + 3)(x + 5) = x^2 + 8x + 15$

記 $X = (x^2 + 8x)$，則 $F = (X + 7)(X + 15) + 15 = X^2 + 22X + 120$，而這是可以交叉相乘因式分解的：

$$\begin{aligned} F &= (X + 12)(X + 10) \\ &= (x^2 + 8x + 12)(x^2 + 8x + 10) \\ &= (x + 6)(x + 2)(x^2 + 8x + 10) \end{aligned}$$

習題2 請做因式分解：

(1) $(x+4)(x-1)(x-3)(x+2)-24$

(2) $(x+2)(x+3)(x-4)(x-5)-44$

(3) $x(x-1)(x-2)(x-3)-120$

例題4 將 $F=(x^2-x-6)(x^2+3x-4)+24$ 分解因式！

解 $F=(x-3)(x+2)(x+4)(x-1)+24$，再令 $X=x^2+x$

$$F=(X-12)(X-2)+24$$

$$=X^2-14X+48$$

$$=(X-6)(X-8)$$

答案是：$F=(x+3)(x-2)(x^2+x-8)$

例題5 將 $F=(x^2+11x+24)(x^2+14x+24)-4x^2$ 分解因式！

解 令 $X=x^2+24$，則

$$F=(X+11x)(X+14x)-4x^2$$

$$=X^2+25xX+150x^2$$

這是二元齊二次式，可以交叉相乘因式分解：

$$F=(X+10x)(X+15x)$$

$$=(x^2+10x+24)(x^2+15x+24)$$

$$=(x+4)(x+6)(x^2+15x+24)$$

習題3 請做因式分解：

(1) $(x+2)(x+3)(x+8)(x+12)-4x^2$

(2) $(x-5)(x+3)(x+6)(x-10)-20x^2$

(3) $(x^2+4x+8)^2+3x(x^2+4x+8)+2x^2$

(4) $4x^4+11x^2+9$

3.8 進一步的分解因式

3.8.1 因式定理的應用

高次式的分解因式，最有用（幾乎是唯一）的辦法是用因式定理。

【因式定理】

若將多項式 F 中的 x，用常數 b 代入，所計算出來的值為零，則 F 有因子 $x - b$。

這是餘數定理的特例！當然你要練習視察法！

 將 $F = x^4 + 2x^3 - 3x^2 - 4x + 4$ 分解因式！

 看出係數的和 $= 0$，故有因式 $x - 1$：

$$F = (x - 1)(x^3 + 3x^2 - 4)$$

繼續看 $G = (x^3 + 3x^2 - 4)$；係數的和 $= 0$，故有因式 $x - 1$：

$$G = (x - 1)(x^2 + 4x + 4)$$
$$= (x - 1)(x + 2)^2$$

註 算術九盡法

237819402 可被 $9 = 10 - 1$ 除盡！因為諸數碼的和 $2 + 3 + 7 + 8 + 1 + 9 + 4 + 0 + 2$ 為 9 的倍數。

註 算術十一盡法

237819406 可被 $11 = 10 + 1$ 除盡！因為奇位數碼的和與偶位數碼的和相抵消：$2 + 7 + 1 + 4 + 6 = 3 + 8 + 9 + 0$ 或為 11 的倍數。

多項式 F 中的 x，用常數 $b = -1$ 代入，所計算出來的值為偶數次係數的和減去奇數次係數的和！（若為 0，則 F 有因子 $x + 1$）

習題 請做因式分解：

(1) $x^4 - x^3 - 3x^2 + x + 2$

(2) $2x^4 + x^3 + 4x^2 - 4x - 3$

(3) $x^3 - 2x^2 + 3x - 2$

(4) $x^3 - 6x^2 + 11x - 6$

(5) $x^3 - 6x^2 + 3x + 10$

(6) $2x^3 + 3x^2 - 1$

(7) $2x^3 + 9x^2 - 131x - 210$

3.8.2 平方公式

【平方公式】

$$(A+B)^2 = A^2 + 2AB + B^2$$

【推論】

$$(A+B+C)^2 = A^2 + B^2 + C^2 + 2AB + 2AC + 2BC$$

這等於用（$B+C$）去代替上面平方公式的 B，因此：

$$(A+B+C)^2 = A^2 + (B+C)^2 + 2A(B+C) = A^2 + B^2 + C^2 + 2BC + 2AB + 2AC$$

【背公式的要領】

平方公式 $(A+B)^2$ 有兩種寫法，上面的寫法是「順冪的」，對 A 是降冪，對 B 是升冪；另一種寫法：

$$(A+B)^2 = A^2 + B^2 + 2AB$$

可說是：「先純後混」，先把「純粹（平方）項」A^2，B^2 寫完，再寫交叉相乘的混有 A，B 的項 AB，這須要「兩倍」！

平方公式 $(A+B+C)^2$ 的寫法，最好用「先純後混法」：先把「純粹（平方）項」A^2，B^2，C^2 寫完，再寫所有交叉相乘的項（須要「兩倍」）：

$$AB，AC，BC$$

此處的交叉項，我們用字典序！另外一種辦法，則是用

$$BC，CA，AB$$

的順序（缺陷序），這只限於三元的情形！

問題 請問 $(A+B+C+D)^2=$ ？

例題 求出 $F=x^4+2x^3+3x^2+2x+1$ 的平方根，從而分解因式！

解 $x^4=(x^2)^2$，故取 $A=x^2$

其次依照：$2AB=2x^3$ 來試，應該取 $B=x$

然則：$(x^2+x)^2=x^4+2x^3+x^2$

我們可以再設 $A=x^2+x$，$A^2=x^4+2x^3+x^2$，$F-A^2=2x^2+2x+1$

此時試 $B=1$，則：$2A*B+B^2=2x^2+2x+1$

故 F 的平方根 $=x^2+x+1$；$F=(x^2+x+1)^2$

習題 求出平方根，從而分解因式！

(1) $x^4-2x^3+3x^2-2x+1$

(2) $x^4+2x^3-x^2-2x+1$

(3) $x^4+4x^3+10x^2+12x+9$

3.8.3 平方差與立方差公式

【平方差公式】

極有用的公式！（這是割圓恆等式的特例！）

$$X^2-Y^2=(X+Y)(X-Y)$$

雖然沒有平方和公式！

例題1 將 $F = x^4 + x^2 + 1$ 分解因式！

解 先加再減 x^2，就湊出

$$F = x^4 + 2x^2 + 1 - x^2 = (x^2 + 1)^2 - x^2 = (x^2 + x + 1)(x^2 - x + 1)$$

【立方和差公式】

極有用的公式！（這是割圓恆等式的特例！）

$$X^3 + Y^3 = (X + Y)(X^2 - XY + Y^2)$$
$$X^3 - Y^3 = (X - Y)(X^2 + XY + Y^2)$$

習題 分解因式：

(1) $x^3 - 8$

(2) $x^6 - 28x^3 + 27$

(3) $x^6 - 7x^3 - 8$

例題2 將 $F = (x - 1)^3 + (x - 2)^3 + (3 - 2x)^3$ 分解因式！

解 看出 $(x - 1) + (x - 2) + (3 - 2x) = 0$。我們可以利用立方和公式：

$X^3 + Y^3 = (X + Y)(X^2 - XY + Y^2)$ 到前二項，則

$$F = (2x - 3)((x - 1)^2 - (x - 1)(x - 2) + (x - 2)^2) + (3 - 2x)^3$$
$$= (2x - 3)(3x^2 - 15x + 12)$$
$$= -3(2x - 3)(x - 1)(x - 2)$$

註 實際上更快的辦法是：

【三元三次基本對稱式】（這是極有用的公式，就請背記吧！）

$$A^3 + B^3 + C^3 - 3ABC = (A + B + C) * (A^2 + B^2 + C^2 - BC - CA - AB)$$

此處 $A = (x - 1)$，$B = (x - 2)$，$C = (3 - 2x)$，$A + B + C = 0$

故依公式：$F - 3ABC = A^3 + B^3 + C^3 - 3ABC = 0$；即 $F = 3A * B * C$

A+

代數是什麼?

CHAPTER 4

[二次方程式]

4.1 數系的五則與數線

【數系的擴展】

前面我們提到過：從小我們最先熟悉的數，最簡單的數，是「自然數」，它可以做最簡單的運算，加法，（自然數與自然數相加，還是自然數！）但是經常沒辦法做（加法的反算＝）減法，也就是「沒辦法」找到自然數來解決 $5+x=3$，因此就發明了負（整）數！同樣，自然數與自然數相乘，還是自然數，但不能做乘法的反算，也就是「沒辦法」找到自然數來解決 $5*x=3$ 的時候就發明了（有理）正分數！那麼要做加減乘除四則運算，我們最少要有一整個有理數系。有理數的本義是比數，即整數相除 $\frac{n}{m}$。（$m \neq 0$：不可以用 0 去除任何數！）

【整數與數線】

在一條直線上任意擇定兩點，就構成一個基準線段；於是我們就能夠在這條線上，量出其 2 倍長、3 倍長，或 m 倍長的線段！m 是任一個自然數！

更清楚些：若說這條直線是東西向，而擇定的兩點為 O，A，O 在西，A 在東，（以東向為正向）則我們可以依次「往東」量出諸點 B，C，D，E，$\cdots$，使得諸線段長相等：

$$OA = AB = BC = CD = \cdots$$

我們就已經建立一個直線座標系了：基準兩點 O，A 的座標各為 0，1，以下是 $B=2$，$C=3$，$D=4$，$E=5$，$\cdots$，而座標 $=0$ 的點 O 叫做原點。

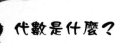

其實，若我們也往西去「度定」諸點 A'，B'，C'，D'，…則它們的座標將是

$$A'=-1，B'=-2，C'=-3，D'=-4…$$

【數線】

所謂數線，（也就是建立了座標系的直線，）意思就是：對於此直線上的每一點 P，都可以給它一個數 x，當做「座標」；反過來說：對於每一個數 x，都可以找到一點 P，以 x 為「座標」。

我們先說後者：實用上，當然不成問題！我們只要用尺「量出」它和原點 O 的距離 $\overline{OP}$，然後除以「基準長度」$\overline{OA}=1$，（也許要再給以負號，如果 P，A 在 O 的異側，）這就好了！

尺的「精密度」有限！所以你能寫出的座標 x 只有一兩位小數！如果標準尺度是 $\overline{OA}=2$ 釐米（cm），那麼，當 $\overline{OP}=45$mm 時，你算出 P 的座標 $=\dfrac{45\text{mm}}{2\text{cm}}=2.25$；當然這和你的視力有關！視力好，也許你會說，「我看出 $\overline{OP}=45.3$mm」，那麼，座標 $=\dfrac{45.3\text{mm}}{2\text{cm}}=2.265$；這差不多就是人眼的限度了！

希臘人在原則上是這樣子想像的：在這直線上，我們已經有了原點 O 與基準點 A，我們就可以造出一切整數點，A_1，A_2，A_3，…，A_{-1}，A_{-2}，A_{-3}，…，我們現在是寫 A_j 代表整數座標 j，（因此 $O=A_0$，$A=A_1$，前此寫 B，C，D，B'，現在寫 A_2，A_3，A_4，A_{-2}），如果 P 是整數點 A_j，那麼它的座標就是整數 j。

（「通常」＝）不然的話，P 一定介於兩個相鄰整數點 A_jA_{j+1} 之間，例如說：A_4A_5 之間（$j=4$），那麼我們就知道：P 的座標 x，一定是介於整數 4，5 之間，$4<x<5$。

進一步我們就把這段「線段」A_4A_5「等分為 10 等份」，有頭尾 11 個「割點」，記做

$$A_{40}=A_4，A_{41}，A_{42}，…，A_{50}=A_5$$

（前面的例子是說單位尺度 $=2$cm，那麼現在的每一小段長度是 2mm $=\overline{A_{40}A_{41}}=\overline{A_{41}A_{42}}=…$）

如果恰好 P 是某個割點，例如 $P=A_{43}$，那麼當然它的座標 $=4.3$。（「通常」＝）不然的話，P 一定介於兩個相鄰割點之間，例如說：$A_{42}A_{43}$ 之間，那

麼我們就知道：P 的座標 x，一定合乎 $4.2 < x < 4.3$。

　　這個辦法就是十進位精神的「十進分割法」！因為，以上的分割才是「第 1 階的分割」，從而定出 x 的第 1 位小數，接下去再做「第 2 階的分割」，從而定出 x 的第 2 位小數，例如說：$4.28 < x < 4.29$；那麼再繼續下去！除非 x 是有盡小數，否則，一般地說，一定是沒完沒了！

　　所有的別的文明都滿足於「高度的精密」：只要定到差不多高位的小數，就很夠用了！當然如此，但是希臘人會追根究底，他們知道：原則上，x 是無盡小數的機會大得多！而且他們知道：若 $x = 4.28571428571428571\cdots$ 是循環小數，P 是有理點，因為 x 是有理數；但是有些點是無理點！他們已經造出一些無理點！而且他們已經知道：有些無理點是用他們的工具造不出來的！

　　有盡小數，或者無盡循環小數，合稱有理數！以有理數為座標的點叫做有理點，而數線上的點還有很多是無理點，它們的座標是無理數，也就是「不循環的無盡小數」！總之：無理數與有理數，合稱實數，而建立了座標系之後，直線上的一點，都一定有它的座標，座標一定是實數，反之，任何一個實數，都對應到此直線上的某一點！

【加乘與幾何：算術兩則】

　　加法與乘法在幾何上有意義：如果有兩個線段，其長度各為 $a > 0$，$b > 0$，

● 加法：把兩線段放在一條直線上而相銜接，則 $a + b$ 代表了線段總長
● 乘法：把兩線段安置成矩形的長寬兩邊，則 $a * b$ 代表了矩形的面積

　　例如在剛剛的數線上，$OC = 3$，$CE = 2$，則 $OE = 3 + 2 = 5$。而在剛剛的座標平面上，$OB'' = 2$，於是畫出矩形 $OCKB''$，其面積 $= 3 * 2 = 6$。

【負數與減法】

　　當然人類對於負數並不太能親近，也比較害怕減法；但是在座標直線上，實數 x，y，不論正負，都各代表一點 X，Y，正負號只是表示「在正負哪一側」而已！那麼 $z = x - y$ 所對應的點 Z 就可以如此作出：從 X 點，位移 $\overrightarrow{XZ} = -y$；位移可正可負，「正」的意思是往東（$=$ 正向）而走，「負」就是往西。

【相似形與比例：算術第四則】

希臘人已經很清楚：若三角形 OPQ，ORS 相似，而邊長 $OP=a$，$OQ=b$，$OR=c$，$OS=x$，則有比例關係：

$$a:b=c:x\,;\,x=\frac{b*c}{a}$$

這告訴他們如何去做比例運算與除法！

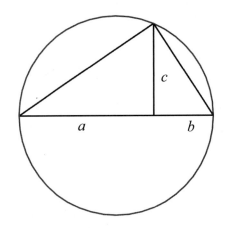

圖 4.1 　開平方, $c=\sqrt{a*b}$

【開平方】

希臘文明已知道：從長為 a，b 的兩個線段，如何去做出長為 $\sqrt{a*b}$ 的線段；開平方是算術第五則，換句話說，希臘人完全明白算術五則的幾何意義！

【Pythagoras 定理】

直角三角形，直角兩邊 a，b 的平方之和，等於斜邊 c 平方：

$$a^2+b^2=c^2$$

如果，邊長 $a=1=b$，則 $c=\sqrt{2}$。

如果，邊長 $a=1$，$b=2$，則 $c=\sqrt{5}$。

註 希臘文明的偉大

當然在很多文明古國，（如（春秋或戰國）周國？）都發現了這個 Py-thagoras 定理，但希臘文明還有一個獨到之處！他們發現：$\sqrt{2}$，$\dfrac{\sqrt{5}\pm1}{2}$

是無理數！別的文明都沒有這個念頭！（別的文明如華夏人、漢人、唐人，不太煩惱這個！對於他們來說，黃金比 $\dfrac{\sqrt{5}-1}{2}$ 就是 0.6，或 0.618，而 $\sqrt{2}$，就是 1.414，或 1.4142）

希臘人甚至於猜疑到：用他們希臘人的規矩，沒有辦法開立方，連 $\sqrt[3]{2}$ 都做不出！我們不能不贊嘆他們居然能猜想到這件事！

【平面座標系】

幾何上，我們可以經過 O 點，畫一條直線與上述的直線相垂直，那麼（就說）它是南北向；我們稱原來東西向直線是橫軸，而南北向直線是縱軸，於是就可以也在縱軸上，以 O 原點用同樣的基準長度去建立座標系：

（往北）$A''=1$，$B''=2$，$\cdots$

於是，整個平面就建立座標系了，因為我們可以想像所有可能的縱橫交錯的直線，如同方格紙一般。

4.2 附錄——開方法的算術

 例題1 已知 $2328^2=5419584$，$232^2=53824$，$23^2=529$，$2^2=4$

所以當然有：

$$\sqrt{5419584}=2328，\sqrt{53824}=232，\sqrt{529}=23，\sqrt{4}=2$$

那麼，我們如何計算出這些？尤其是：如何算出 $\sqrt{5419584}=2328$？

我們（以小數點為準，自右到左）兩位一撇，得到 5, 41, 95, 84；有 4 堆，所以答案 2328 是 4 位數！

更清楚些：

$$\sqrt{5}>2，\sqrt{5,41}>23，\sqrt{5,41,95}>232，\sqrt{5,41,95,84}\ge 2328$$

我們的問題顯然是：要找出自然數

$$x_1=2，x_2=23，x_3=232，x_4=2328$$

使得：

$$x_1^2 \le 5 = y_1, \quad x_2^2 \le 541 = y_2, \quad x_3^2 \le 54195 = y_3, \quad x_4^2 \le 5419584 = y_4$$

不過要「盡量大」！換句話說：我們要分 4 個步驟，做出：5，541，54195，5419584 的開方，但只取整數部分！（我們知道：$x = x_4 = \sqrt{y_4} = 2328$ 是 4 位數，意思就是有這 4 步！）

1. 剛開始，先做 $y_1 = 5$ 的開方，只取整數部分！得到 $x_1 = 2 = B_1$

2. 然後，把 y 增加兩碼變成 541，當然 $y_1 = 5$ 已經乘上 100 倍，（再加上「這兩碼」41，才變成 $y_2 = 5*100 + 41 = 541$），這時候，$x_1 = 2$ 已經乘上 $\sqrt{100} = 10$ 倍，變成 20，（再加上「下一碼」$B_2 = 3$，才變成 $y_2 = 20 + 3 = 23$）

3. 然後，把 $y_2 = 541$ 增加兩碼變成 54195，當然 $y_2 = 541$ 已經乘上 100 倍，變成 54100，（再加上「這兩碼」95，才變成 $y_3 = 541*100 + 95 = 54195$，）這時候，$x_2 = 23$ 已經乘上 $\sqrt{100} = 10$ 倍，變成 230，（再加上「下一碼」$B_3 = 2$，才變成 $y_3 = 230 + 2 = 232$）

4. 最後，把 $y_3 = 54195$ 增加兩碼變成 5419584，當然 $y_3 = 54195$ 已經乘上 100 倍，變成 5419500，（再加上「這兩碼」84，才變成 $y_4 = 54195*100 + 84 = 5419584$），這時候，$x_3 = 232$ 已經乘上 $\sqrt{100} = 10$ 倍，變成 2320，（再加上「下一碼」$B_4 = 8$，才變成 $y_4 = 2320 + 8 = 2328$）

這裡的第一步 $B_1 = x_1 = 2$ 沒什麼好說的，（「誤差」$y_1 - x_1^2 = 5 - 4 = 1$），所以，我只要解釋第二步、第三步與第四步，也就是說：後面的數碼 $B_2 = 3$，$B_3 = 2$，$B_4 = 8$，是怎麼來的。

2° 平方公式是：$(A + B)^2 = A^2 + 2A*B + B^2$；現在有了 $A = 20 = B_1 * 10$，想要找 $B = B_2$，使得：（$\approx$ 讀做「接近」，「差不多相等」！）

$$(A + B)^2 = A^2 + 2A*B + B^2 \approx y_2 = 541$$

即：

$$541 - A^2 = 541 - 400 = 141 \approx 2A*B + B^2 = 40*B + B^2 = (40 + B)*B$$

我們稱左側是差補項，這是第一步的誤差乘以 *100，再加上新增兩碼 41；右側，B 是個位數碼比起 40 小了一些，因此，粗估時，

我們忽略掉 B^2，寫：

$$40 * B \lesssim 141$$

所以「最接近的」（阿拉伯數碼）的答案

$$B \lesssim \frac{141}{40} \text{ 是 } B = 3 = B_2 \text{ ；} x_2 = 20 + 3 = 23$$

誤差是：

$$y_2 - x_2^2 = (541 - A^2) - (40 + B) * B = 141 - 43 * 3 = 12$$

3° 現在有了 $A = 230 = B_2 * 10$，想要找 $B = B_3$，使得：

$$(A + B)^2 = A^2 + 2A * B + B^2 \approx y_3 = 54195$$

差補項是第 2 步的誤差 12，乘以 100，再加上新增兩碼 95，即 1295，用 $2 * A = (43 + 3) * 10$ 去除，就得到粗估商

$$B = B_3 \lesssim \frac{1295}{460} \text{ 是 } B = 2$$

誤差是：

$$y_3 - x_3^2 = 1295 - (460 + B) * B = 1295 - 462 * 2 = 371$$

4° 現在差補項是第 3 步的誤差 371，乘以 100，再加上新增兩碼 84，即 37184，用 $2 * A = (462 + 2) * 10$ 去除，就得到粗估商

$$B = B_4 \lesssim \frac{37184}{4640} \text{ 是 } B = 8$$

誤差是：

$$y_4 - x_4^2 = 37184 - (4640 + 8) * 8 = 0 \text{ ；大功告成！}$$

扣減步驟	各個數碼	$2 * A$
5，41，95，84 4，	2 $(= 2^2)$	$2 * 2 = 4$
1，41， 1，29	$3 \lesssim \dfrac{141}{40}$ $(= 43 * 3)$	(40) $43 + 3 = 46 = 23 * 2$
12，95， 9，24，	$2 \lesssim \dfrac{1295}{460}$ $(= 460 * 2)$	(460) $462 + 2 = 464 = 232 * 2$
3，71，84 3，71，84	$8 \lesssim \dfrac{37184}{4640}$ $(= 4648 * 8)$	(4640)

 計算 $\sqrt{5}$ 到小數點下 3 位！

 $\sqrt{5} = 2.236\cdots$

5 00 00 00	2	
4	$(=2^2)$	$2*2=4$
1 00	$2 \lessapprox \dfrac{100}{40}$	
84	$(=42*2)$	$42+2=44$
16 00	$3 \lessapprox \dfrac{1600}{440}$	
13 29	$(=443*3)$	$443+3=446$
2 71 00	$6 \lessapprox \dfrac{27100}{4460}$	
2 67 96	$(=4466*6)$	$4466+6=4472$
3 04		

例題3 計算 $\sqrt{6}$ 到小數點下 2 位！

解 $\sqrt{6} \approx 2.45$

事實上，$2.45^2 = 6.0025$，誤差 $= -0.0025$；若用：

$$A = 2.45 , (A+B)^2 = A^2 + (2A+B)B = 6 = 6.0025 + (4.9+B)*B$$

則得：$B = \dfrac{-0.0025}{4.9+B} \approx \dfrac{-0.0025}{5} = -0.0005$；因此：$\sqrt{6} = 2.4495\cdots$

註 我們這樣計算顯然快得多！

習題 求 $\sqrt{2007}$ 到三位小數為止！

註 事實上：$44.8^2 = 2007.04$；$44.7^2 = 1998.09$

$\sqrt{2007} = 44.79955356\cdots$，取 $\sqrt{2007} \approx 44.8$ 是較好的近似值！

4.3 二次方程式──純開平方

 例題1 解方程式 $x^2 = 25$。

(解) 只要記住「負負得正」就好了！答案是：$x = 5$ 或 -5；這樣有兩個「根」！可以簡寫為 $x = \pm 5$。實際上，方程式的解答叫做「根」，理由就是開平方叫做方根。

習題1 解下列方程式：

(1) $x^2 = 4$

(2) $x^2 = 36$

(3) $x^2 = 169$

(4) $x^2 = 441$

(5) $x^2 = 3025$

(6) $x^2 = 1024$

(7) $x^2 = 7225$

例題2 解方程式 $x^2 = 0$。

(解) 答案是：$x = \pm 0 = 0$，這樣有「兩個」根重合為一！（叫做重根。）

例題3 解方程式 $x^2 = 3$。

 (解) 答案是：$x = \pm\sqrt{3}$

 **註** 依主根規約，$\sqrt{3}$ 的意思是：「其平方為 3 的正數」！所以，由「負負得正」的道理，另外那個根一定是 $-\sqrt{3}$。

我們知道 $\sqrt{3}$ 一定不是「有理數」，一定沒有辦法寫成「分數」$\dfrac{n}{m}$，使

得 m，n 都是自然數，換句話說：我們可以一直做開方的操作，而寫下 1.732…，但是這個無窮盡小數絕不循環！

☞ 警告！！應考時，遇到（無理）方根，通常不要展開寫出近似的小數！不要用 1.414 代替 $\sqrt{2}$。除非題目必須求近似值！

例題 4 解方程式 $x^2 = 48$。

 答案是：$x = \pm\sqrt{48}$。不過，因為 $48 = 3*16 = 3*4^2$，$\sqrt{48} = 4\sqrt{3}$，所以這一題的答案，也可以寫 $x = \pm 4\sqrt{3}$。

所以有個麻煩：寫 $\sqrt{48}$ 與 $4\sqrt{3}$ 哪個好？大概後者比較好！（壞處是：多花一點時間！）因為：其一，有的閱卷者對前者會扣分，其二，有時後者的寫法可以幫助你去做「有關的」「下一步的」事情。

習題 2 解下列方程式：

(1) $x^2 = 24$

(2) $x^2 = 65$

(3) $x^2 = 27$

★ 4.4 二次方程式——配方法

例題 1 解方程式 $(x-4)^2 = 25$。

 只要記住「負負得正」就好了！答案是：$(x-4) = 5$ 或 -5；可以簡寫為 $x - 4 = \pm 5$，這樣有兩個「根」$x = 9$，-1。

習題 1 解下列方程式：

(1) $(x-4)^2 = 4$

(2) $(x-3)^2 = 36$

(3) $(x+4)^2 = 169$

(4) $(x-5)^2 = 441$

(5) $(x+24)^2 = 3025$

(6) $(x-7)^2 = 1024$

(7) $(x+6)^2 = 7225$

(8) $(x-6)^2 = 0$

 例題2 解方程式$(x-4)^2 = 3$。

 解 答案是：$x = 4 \pm \sqrt{3}$。

習題2 解下列方程式：（無理根！）

(1) $(x-4)^2 = 24$

(2) $(x+3)^2 = 65$

(3) $(x-5)^2 = 27$

 例題3 解方程式$x^2 - 8x + 16 = 25$。

 解 此方程式左端可以整理而寫為$(x-4)^2 = 25$；$x = 9$，-1。

習題3 解下列方程式：

(1) $x^2 - 10x + 25 = 441$

(2) $x^2 + 12x + 36 = 7225$

(3) $x^2 + 14x + 49 = 169$

(4) $x^2 - 18x + 81 = 4$

(5) $x^2 - 14x + 49 = 1024$

(6) $x^2 + 24x + 144 = 3025$

(7) $x^2 - 30x + 225 = 36$

(8) $x^2 - 24x + 144 = 0$

例題4 解方程式 $x^2 - 8x - 9 = 0$。

 此方程式左端可以加減 $4^2 = 16$ 而寫為：

$$x^2 - 8x + 16 - 16 - 9 = 0$$
$$(x - 4)^2 - 25 = 0 \text{；} x = 9，-1$$

習題4 解下列方程式：

(1) $x^2 - 10x - 416 = 0$

(2) $x^2 + 12x - 7189 = 0$

(3) $x^2 + 14x - 120 = 0$

(4) $x^2 - 18x + 77 = 0$

(5) $x^2 - 14x - 975 = 0$

(6) $x^2 + 24x - 2881 = 0$

(7) $x^2 - 30x + 189 = 0$

例題5 解方程式 $2x^2 - 16x - 18 = 0$。

 此方程式左端可以除以 2，而寫為么領方程式：

$$x^2 - 8x - 9 = 0$$
$$(x - 4)^2 = 25 \text{；} x = 9，-1$$

習題5 解下列方程式：

(1) $3x^2 - 30x - 1248 = 0$

(2) $5x^2 + 60x - 35945 = 0$

(3) $2x^2 + 28x - 240 = 0$

(4) $3x^2 - 54x + 231 = 0$

(5) $8x^2 - 112x - 7800 = 0$

(6) $5x^2 + 120x - 14405 = 0$

(7) $6x^2 - 180x + 1134 = 0$

4.5 二次方程式──公式解

假設給我們一個二次方程式

$$a*x^2 + b*x + c = 0$$

當然這裡假定 a，b，c 都是常數，而且 $a \neq 0$。

【規範化】

1. 除以領導項係數 a，得到么領二次方程式

$$x^2 + \frac{b}{a}*x + \frac{c}{a} = 0$$

2. 移出常數項

$$x^2 + \frac{b}{a}*x = -\frac{c}{a}$$

3. 湊出完全平方：兩側加以 $\left(\frac{b}{2a}\right)^2$

$$x^2 + \frac{b}{a}*x + \left(\frac{b}{2a}\right)^2 = \left(\frac{b}{2a}\right)^2 - \frac{c}{a} = \frac{b^2 - 4ac}{4a^2}$$

4. 開方

$$x + \frac{b}{2a} = \pm\frac{\sqrt{b^2 - 4ac}}{2a}$$

5. 公式

$$x = \frac{-b \pm \sqrt{b^2 - 4ac}}{2a}$$

6. 判準 = 判別式

$$D = b^2 - 4ac \text{ 叫做（判準＝）判別式}$$

- 通常要求「實解」！所以只要算出 $D < 0$，就不要算下去了！暫時，你只要寫：「虛根」就是答案了！

- 若 $D = 0$，就是有重根：兩個根變成一個根！

- 若 $D > 0$，就是有兩個不相同的實根！

- 若 a，b，c 都是有理數，（尤其通常是整數！）而 D 是完全平方，那麼兩個根就都是有理根；否則就一定是無理根！

代數是什麼？

例題1 解方程式 $15x^2 + 11x - 12 = 0$。

 $x = \dfrac{-11 \pm \sqrt{121 - 4*15*(-12)}}{30} = \dfrac{-11 \pm 29}{30}$

$x = \dfrac{3}{5}$, $\dfrac{-4}{3}$

習題1 解下列方程式：

(1) $5x^2 - 56x + 147 = 0$

(2) $4x^2 - 3x + 5 = 0$

(3) $3x^2 - 8x + 2 = 0$

(4) $x^2 - 2\sqrt{2}x - 1 = 0$

(5) $x^2 - 8x + 5 = 0$

(6) $x^2 - 3x - 5 = 0$

例題2 判斷方程式 $12x^2 - 5x + 8 = 0$ 的根的性質。

 「判準」$D = 25 - 4*12*8 < 0$，當然是兩虛根！

習題2 （不去解！）判斷下列方程式的根的性質：

(1) $3x^2 - 3x - 1 = 0$

(2) $54x^2 - 39x - 8 = 0$

(3) $20x^2 + 43x + 21 = 0$

(4) $169x^2 + 52x + 4 = 0$

(5) $3x^2 - 22x + 35 = 0$

(6) $2x^2 - 3x - 14 = 0$

(7) $4x^2 + 12x + 9 = 0$

(8) $x^2 + 2x + 8 = 0$

(9) $7x^2 - 3x + 5 = 0$

4.6 根與係數的關係

【定理】

方程式 $ax^2 + bx + c = 0$ 兩根為 α，β，則：

$$兩根的和 = \alpha + \beta = \frac{-b}{a}$$

$$兩根的積 = \alpha * \beta = \frac{c}{a}$$

註 么領二次三項式 $x^2 - px + q$ 的十字交叉因式分解，就是要找 α，β，使得：

$$\alpha + \beta = p，\alpha * \beta = q$$

這樣子就可以得到因式分解：

$$x^2 - px + q = (x - \alpha)(x - \beta)$$

當然這也相當於：解二次方程式 $x^2 - px + q = 0$

例題 1 不用解方程式 $14x^2 + 9x - 65 = 0$，你能求出其兩根的和 p 與積 q？

解 $p = \dfrac{-9}{14}$，$q = \dfrac{-65}{14}$

習題 1 （不去解！）求下列方程式兩根的和 p 與積 q：

(1) $3x^2 - 3x - 1 = 0$

(2) $54x^2 - 39x - 8 = 0$

(3) $20x^2 + 43x + 21 = 0$

(4) $169x^2 + 52x + 4 = 0$

(5) $3x^2 - 22x + 35 = 0$

(6) $2x^2 - 3x - 14 = 0$

(7) $4x^2 + 12x + 9 = 0$

(8) $x^2 + 2x + 8 = 0$

(9) $7x^2 - 3x + 5 = 0$

 例題2 求二次方程式，使其根為 $\dfrac{-2}{3}$，$\dfrac{21}{5}$。

解 和為 $p = \dfrac{-2}{3} + \dfrac{21}{5} = \dfrac{53}{15}$，積為 $q = \dfrac{-14}{5}$，故所求方程式為

$$x^2 - \dfrac{53}{15}x + \dfrac{-14}{5} = 0$$

另解：由因式定理，此即：$\left(x - \dfrac{-2}{3}\right) * \left(x - \dfrac{21}{5}\right) = 0$，或者：

$$(3x + 2) * (5x - 21) = 15x^2 - 53x - 42 = 0$$

習題2 求二次方程式使其根為：

(1) 7，-5

(2) $\dfrac{1}{2}$，-5

(3) $-2 \pm 3\sqrt{7}$

(4) $\dfrac{-7 \pm \sqrt{5}}{3}$

例題3 二次三項式的因式分解：$x^2 - 31x + 240$。

解 求 $x^2 - 31x + 240 = 0$ 之根，先計算判準為

$$D = 31^2 - 4 * 240 = 961 - 960 = 1$$

故得兩根為 $\dfrac{31 \pm 1}{2} = 16$，15，

因而

$$x^2 - 31x + 240 = (x - 15)(x - 16)$$

習題3 求下列二次三項式的因式分解：

(1) $12x^2 - 37x - 144$

(2) $x^2 - 12x - 133$

(3) $x^2 - 223x + 12432$

(4) $6x^2 - 73x - 703$

(5) $210x^2 + 299x - 32$

(6) $20x^2 - x - 99$

(7) $x^2 + 30x - 1296$

(8) $24x^2 - 49xy - 40y^2$

 例題4 已知 $\dfrac{37}{2}$ 是方程式 $6x^2 - 73x - 703 = 0$ 的一根，求另一根！

(解) 兩根和是 $\dfrac{73}{6}$，故另一根為 $\dfrac{73}{6} - \dfrac{37}{2} = \dfrac{-38}{6} = \dfrac{-19}{3}$

另解：兩根積 $= \dfrac{-703}{6}$，故另一根為 $\dfrac{-703}{6} * \dfrac{2}{37} = \dfrac{-19}{3}$

事實上：你應該兩種方法都算！於是就驗證了答案！

 例題5 已知方程式 $6x^2 - 73x - 703 = 0$ 的兩根為 α，β，求：

$$\alpha^2 + \beta^2 ; \alpha^3 + \beta^3 ; \alpha^4 + \beta^4$$

(解) 有恆等式：

$$\alpha^2 + \beta^2 = (\alpha + \beta)^2 - 2 * \alpha * \beta$$

$$\alpha^3 + \beta^3 = (\alpha + \beta) * [(\alpha + \beta)^2 - 3\alpha * \beta]$$

$$\alpha^4 + \beta^4 = (\alpha^2 + \beta^2)^2 - 2(\alpha * \beta)^2$$

此處：

$$p = (\alpha + \beta) = \dfrac{73}{6}$$

$$q = \alpha * \beta = \dfrac{-703}{6}$$

故得：

$$\alpha^2 + \beta^2 = p^2 - 2 * q = \dfrac{13765}{36}$$

$$\alpha^3 + \beta^3 = p * (p^2 - 3 * q) = \dfrac{1312759}{216}$$

$$\alpha^4 + \beta^4 = (\alpha^2 + \beta^2)^2 - 2 * q^2 = \dfrac{153892177}{1296}$$

習題 4 已知方程式 $2x^2 + 5x + 1 = 0$ 的兩根為 α，β，求：

$$(\alpha - 2)(\beta - 2)\ ；\ (\alpha - \beta)^2\ ；\ \alpha^2 + \beta^2$$

習題 5 已知方程式 $2x^2 - 3x - 4 = 0$ 的兩根為 α，β，求：

$$\frac{\alpha^2}{\beta} + \frac{\beta^2}{\alpha}$$

習題 6

已知方程式 $x^2 - 19x + 25 = 0$ 的兩根為方程式 $x^2 + bx - 5 = 0$ 的根之平方，求 b。

4.7 無理方根的簡單計算

【主值規約】

前面已經說過：$\sqrt{7}$ 指的是這樣的實數其平方為 7 者；一般地說，對於偶自然數 n，以及一個實數 a，只要 $a > 0$，就一定可以找到一個實數 x 使得 $x^n = a$，其實一定有兩個解答！一正一負，互相只是差個正負號，我們選擇其為正的，記為 $x = \sqrt[n]{a}$。

若 $a < 0$，則一定找不到一個實數 x 使得 $x^n = a$，換句話說：所有的解答都是「虛數」！（這個將來再說！）

如果 n 是奇自然數，a 是一個實數，就一定可以找到一個實數 x，使得 $x^n = a$，而且只有一個解答！我們就記為 $x = \sqrt[n]{a}$，其實 $a > 0$ 時，$\sqrt[n]{a} > 0$，而 $a < 0$ 時，$\sqrt[n]{a} < 0$。

【二次的無理數之四則】

這裡經常要把分母化成有理數！（最常用的一招是：分子、分母同乘以一數）用到的通常是：

$$A^2 - B^2 = (A+B) * (A-B)$$

例題 1 有理化（「化簡」）$Y = \dfrac{1}{\sqrt{2} - \sqrt{3} + \sqrt{6}}$。

解
$$Y = \frac{(\sqrt{2} + \sqrt{3} + \sqrt{6})}{(\sqrt{2} - \sqrt{3} + \sqrt{6})(\sqrt{2} + \sqrt{3} + \sqrt{6})}$$

$$= \frac{(\sqrt{2} + \sqrt{3} + \sqrt{6})}{2 + 6 + 2\sqrt{2*6} - 3}$$

$$= \frac{(\sqrt{2} + \sqrt{3} + \sqrt{6})}{5 + 4\sqrt{3}}$$

$$= \frac{(\sqrt{2} + \sqrt{3} + \sqrt{6})(5 - 4\sqrt{3})}{(5 + 4\sqrt{3})(5 - 4\sqrt{3})}$$

$$= \frac{(\sqrt{2} + \sqrt{3} + \sqrt{6})(5 - 4\sqrt{3})}{25 - 48}$$

$$= \frac{-7\sqrt{2} + 5\sqrt{3} + \sqrt{6} - 12}{-23}$$

$$= \frac{7\sqrt{2} - 5\sqrt{3} - \sqrt{6} + 12}{23}$$

習題 1 有理化下列各式：

(1) $\dfrac{\sqrt{7}}{\sqrt{7} - \sqrt{5}}$

(2) $\dfrac{4 + \sqrt{5}}{6 - \sqrt{5}}$

(3) $\dfrac{1}{(\sqrt{5} - \sqrt{3})^2} + \dfrac{1}{(\sqrt{5} + \sqrt{3})^2}$

(4) $\dfrac{1 + \sqrt{2} + \sqrt{3}}{1 - \sqrt{2} + \sqrt{3}}$

(5) $\dfrac{42}{5 - 2\sqrt{3} + \sqrt{7}}$

例題2 （開方）：求 $\sqrt{5+2\sqrt{6}}$。

 設： $\sqrt{5+2\sqrt{6}}=\sqrt{p}+\sqrt{q}$，則平方之後：

$$5+2\sqrt{6}=(\sqrt{p}+\sqrt{q})^2=p+q+2\sqrt{p*q}$$

故只要：

$$p+q=5，p*q=6；p=2，q=3$$

（這是對稱的！寫 $p=3，q=2$，並未多出一解！）因此：

$$\sqrt{5+2\sqrt{6}}=\sqrt{3}+\sqrt{2}$$

習題2 化簡下列各式：

(1) $\sqrt{4-2\sqrt{3}}$

(2) $\sqrt{2}+\sqrt{3}=\dfrac{\sqrt{4+2\sqrt{3}}}{\sqrt{2}}$

(3) $\dfrac{2+\sqrt{3}}{\sqrt{2}+\sqrt{2+\sqrt{3}}}+\dfrac{2-\sqrt{3}}{\sqrt{2}-\sqrt{2-\sqrt{3}}}$

(4) $\sqrt{20}-\dfrac{4}{\sqrt{2}}-\sqrt{80}+\sqrt{18}+\sqrt{7-\sqrt{40}}$

(5) $\sqrt{15-2\sqrt{14}}$

(6) $\sqrt{9-2\sqrt{14}}$

(7) $\sqrt{9+4\sqrt{5}}$

(8) $\dfrac{\sqrt{12+6\sqrt{3}}}{\sqrt{3}+1}$

(9) $\dfrac{\sqrt{12+6\sqrt{3}}}{\sqrt{2}+\sqrt{3}}$

(10) $\dfrac{1}{\sqrt{11-2\sqrt{30}}}-\dfrac{3}{\sqrt{7-2\sqrt{10}}}-\dfrac{4}{\sqrt{8+4\sqrt{3}}}$

(11) $\dfrac{1}{1+\sqrt{2+\sqrt{3}}-\sqrt{3+\sqrt{5}}}$

(12) $\sqrt{2+\sqrt{3+2\sqrt{5+12\sqrt{3+2\sqrt{2}}}}}$

(13) $\dfrac{1}{\sqrt{16+2\sqrt{63}}}+\dfrac{1}{\sqrt{16-2\sqrt{63}}}$

習題③ 簡化下列各式：

(1) $\sqrt{a^2-2+a\sqrt{a^2-4}}$ $(a>2)$

(2) $\sqrt{3x-1+2\sqrt{2x^2+x-6}}$ $\left(x>\dfrac{3}{2}\right)$

(3) $\sqrt{a+b-c+2\sqrt{b(a-c)}}$ $(a>c，b>0)$

例題③ 若 $\alpha=\dfrac{\sqrt{3}-\sqrt{2}}{\sqrt{3}+\sqrt{2}}$ ， $\beta=\dfrac{\sqrt{3}+\sqrt{2}}{\sqrt{3}-\sqrt{2}}$ ，求 $3\alpha^2-5\alpha*\beta+3\beta^2$ 。

解 $\alpha+\beta=\dfrac{\sqrt{3}-\sqrt{2}}{\sqrt{3}+\sqrt{2}}+\dfrac{\sqrt{3}+\sqrt{2}}{\sqrt{3}-\sqrt{2}}$

$=\dfrac{(3+2-2\sqrt{6})+(3+2+2\sqrt{6})}{3-2}$

$=10$

$\alpha*\beta=1$；於是：

$$\alpha^2+\beta^2=(\alpha+\beta)^2-2\alpha*\beta=98$$

答案：$3*98-5=289$

習題④

(1)若 $x=a+\sqrt{a^2-1}$ $(a>1)$ ，求 $x^3+\dfrac{1}{x^3}$ 。

(2)若 $x=\dfrac{1}{3}$ ，求 $\dfrac{2(1+2\sqrt{x})}{1-\sqrt{x}}-\dfrac{1-\sqrt{x}}{1+2\sqrt{x}}$ 。

(3)若 $x=\dfrac{2ab}{b^2+1}$ $(a>0，b>0)$ ，求 $\dfrac{\sqrt{a+x}+\sqrt{a-x}}{\sqrt{a+x}-\sqrt{a-x}}$ 。

(4)若 $2x=a+\dfrac{1}{a}$ ， $2y=b+\dfrac{1}{b}$ $(a>0，b>0)$ ，求 $2\left(x*y-\sqrt{x^2-1}\sqrt{y^2-1}\right)$ 。

(5)若 $x=\dfrac{\sqrt{3}}{2}$ ，求 $\dfrac{1+x}{1+\sqrt{1+x}}+\dfrac{1-x}{1-\sqrt{1-x}}$ 。

例題 4 解方程式 $\sqrt{6}x^2 - (\sqrt{2}+\sqrt{3})x + 1 = 0$，精確到小數點下 3 位。

 先算「判準」

$$D = (\sqrt{2}+\sqrt{3})^2 - 4\sqrt{6} = 2+3+2\sqrt{6}-4\sqrt{6} = (\sqrt{2}-\sqrt{3})^2$$

因此由公式，

$$x = \frac{(\sqrt{2}+\sqrt{3}) \pm (\sqrt{2}-\sqrt{3})}{2\sqrt{6}} = \frac{\sqrt{2}}{\sqrt{6}} ; \text{ 或 } \frac{\sqrt{3}}{\sqrt{6}}$$

即：$x = \frac{1}{\sqrt{2}} = \frac{\sqrt{2}}{2} = 0.707\cdots$，或 $\frac{1}{\sqrt{3}} = \frac{\sqrt{3}}{3} = = 0.577\cdots$

習題 5 解下列方程式：

(1) $(1+\sqrt{2})x^2 - (3+\sqrt{2})x + \sqrt{2} = 0$

(2) $x^2 - 2(\sqrt{3}-1)x - 4 + 2(\sqrt{7}-\sqrt{3}) = 0$

(3) $(\sqrt{3}+1)x^2 - (\sqrt{3}+7)x + 4\sqrt{3} - 2 = 0$

(4) $(2-\sqrt{3})x^2 - 2(\sqrt{3}-1)x - 6 = 0$

☞ **補充：更一般的根式無理數**

例如：

$$\sqrt[6]{81} = 81^{\frac{1}{6}} = (3^4)^{\frac{1}{6}} = 3^{\frac{4}{6}} = \sqrt[3]{9}$$

注意到指數定律仍然成立！

習題 6 化簡：

(1) $\sqrt[10]{16}$　(2) $\sqrt[4]{36}$　(3) $\sqrt[4]{\sqrt[3]{49}}$　(4) $\sqrt[5]{\sqrt{32}}$

例題 5 化簡 $\sqrt[4]{3}\sqrt[3]{2}$。

 此處所謂「化簡」，其實是一種「指數的通分」！

$$\sqrt[4]{3}\sqrt[3]{2} = 3^{\frac{1}{4}} * 2^{\frac{1}{3}} = 3^{\frac{3}{12}} * 2^{\frac{4}{12}} = (27*16)^{\frac{1}{12}} = \sqrt[12]{3^3 * 2^4} = \sqrt[12]{432}$$

（當然你不一定要乘開！）

習題7 化簡：

(1) $\sqrt[4]{18} \div \sqrt[6]{24}$

(2) $\sqrt{6} \div \sqrt[3]{16}$

4.8 虛根

【虛數單位】

發明一個記號：i，使得：

$$i^2 = -1$$

當然它是 -1 的平方根；我們就可以用實數 a，b，和它，去生出一切複數

$$\gamma = a + b*i$$

此處 a 是複數 γ 的實部，b 是複數 γ 的虛部；若虛部 $b=0$，則複數 $\gamma = a$ 為純實數！實數為複數的特別情形！若實部 $a=0$，則 $\gamma = bi$ 為純虛數！

【四則運算】

對於兩個複數間的運算，我們要求：一切運算定律都要保持原狀！

例題1 $(3+4i) + (-7+8i) = (3-7) + (4+8)*i = -4 + 12i$

例題2 $(3+4i) - (-7+8i) = (3+7) + (4-8)*i = 10 - 4i$

例題3 $(3+4i) * (-7+8i) = ?$

解 要點在分配律！於是：

$(3+4i) * (-7+8i)$

$= 3*(-7) + 3*8i + 4i*(-7) + (4i)*(8i)$

$$= -21 + 24i - 28i - 32 = -53 - 4i$$

（其實你很快就會了：十字交叉相乘，但是令 $i^2 = -1$）

【共軛複數】

兩個複數 $a+bi$，$a-bi$ 稱為共軛；它們的和與積都是實數：

$$(a+bi) + (a-bi) = 2a$$

$$(a+bi) * (a-bi) = a^2 + b^2$$

這個計算的一個推論是：（只要 $a+bi \neq 0$）

$$\frac{1}{a+bi} = \frac{a-bi}{a^2+b^2}$$

習題1 計算下列各式：

(1) $(3-4i) * (8+3i) \div (11+7i)$

(2) $(-5+6i) * (5-2i) \div (11+6i)$

習題2 若 $x = \dfrac{-1+\sqrt{3}i}{2}$，求 $2x^4 - 11x^3 - 7x^2 - 9x + 14$。

【定理】

實係數的二次方程式 $ax^2 + bx + c = 0$，若判準 $D = b^2 - 4ac < 0$，則有共軛的一對虛根！

註 但是，兩根的和 $= \dfrac{-b}{a}$，兩根的積 $= \dfrac{c}{a}$；還是成立！

事實上，兩根 α，β 的差 $\dfrac{\sqrt{D}}{a}$ 的平方，就是

$$(\alpha - \beta)^2 = (\alpha + \beta)^2 - 4\alpha * \beta = \frac{D}{a^2}$$

永遠是實數！

習題3 求解下列方程式：

(1) $x^2 - 10x + 40 = 0$

(2) $3x^2 - 5x + 4 = 0$

(3) $5x^2 - 2x + 3 = 0$

(4) $4x^2 - 3x + 6 = 0$

習題④ 求上列方程式兩根的和與兩根的積！

註 開方

例如說：$\sqrt{i} = ?$ 這等於是：求 x，使得 $x^2 = i$。必須注意到「問題的嚴重性」：我們因為找不到一個實數 x，使得 $x^2 = -1$，所以才必須發明虛數！如果我們再找不到一個複數 x，使得 $x^2 = i$，我們將被迫再去發明超虛數！

今設 $x = a + bi$ 滿足 $x^2 = i$，那麼：

$$x^2 = a^2 - b^2 + 2abi = i$$

依照虛虛實實原理：<u>兩複數相等，則「虛部＝虛部」；「實部＝實部」</u>。

於是：

$$a^2 - b^2 = 0，（a = \pm b）；2ab = 1$$

故須：

$$a = b = \frac{1}{\sqrt{2}} = \frac{\sqrt{2}}{2}$$

一般的複數都可以開方，其實有（Gauss 的）代數學根本定理：<u>（次數大於零的）多項式方程式最少有一個複數根</u>！

代數是什麼？

CHAPTER 5

二次方程式論的衍生

5.1 代換的妙法

例題 1 解方程式 $4x^8 - 65x^4 + 16 = 0$。

習題 1 解下列方程式：

(1) $x^4 - 5x^2 + 4 = 0$

(2) $36x^4 - 13x^2 + 1 = 0$

(3) $x^4 - 14x^2 + 25 = 0$

(4) $8x^6 + 7x^3 - 1 = 0$

(5) $4x^8 - 65x^4 + 16 = 0$

(6) $x^{12} + 7x^6 - 8 = 0$

(7) $x^4 + 11x^2 - 12 = 0$

(8) $3x^4 - 19x^2 + 28 = 0$

例題 2 解方程式 $2(x+3)^2 - 5(x+3) - 18 = 0$。

習題 2 解下列方程式：

(1) $(x^2 - 5x)^2 + 10(x^2 - 5x) + 24 = 0$

(2) $(x^2 + 7x + 5)^2 = 3x^2 + 21x + 19$

(3) $(x^2 + 3x + 4)(x^2 + 3x + 5) = 6$

(4) $(x^2 - 4x)(x^2 - 4x - 5) = 6$

(5) $(x + 1)(x + 2)(x + 3)(x + 4) = 24$

(6) $3\left(x - \dfrac{1}{x}\right)^2 + 11\left(x - \dfrac{1}{x}\right) - 20 = 0$

(7) $x^2 + 4x - 8 = \dfrac{48}{x^2 + 4x}$

(8) $\dfrac{x^2 + 3x + 1}{4x^2 + 6x - 1} - 3\dfrac{4x^2 + 6x - 1}{x^2 + 3x + 1} = 2$

(9) $\sqrt{\dfrac{x + 9}{x}} + 4\sqrt{\dfrac{x}{x + 9}} = 4$

(10) $(x^2 + 14x + 24)(x^2 + 11x + 24) = 4x^2$

5.2 嘗試有理分數根

【高次方程式】

此處強調用視察法、試驗法，找出一根，於是由因式定理，將原方程式「降次」！問題就漸漸簡化！

例題1 解方程式 $4x^5 - 9x^3 + 6x^2 - 13x + 6 = 0$。

【Newton 定理】

整係數方程式的有理分數根 $\dfrac{n}{m}$（m，n 都是整數），則分母 m 是首項係數的因子，分子 n 是末項常數的因子！例題 1 試出：$x = -2$，$\dfrac{1}{2}$，$\dfrac{3}{2}$

習題 解下列方程式：

(1) $x^3 - 4x^2 - 6x + 12 = 0$

(2) $x^3 - x^2 - 10x - 8 = 0$

(3) $x^4 - 13x^3 - 33x^2 + 18x + 48 = 0$

(4) $x^5 + 2x^4 - 3x^3 - 3x^2 + 2x + 1 = 0$

(5) $4x^5 - 9x^3 + 6x^2 - 13x + 6 = 0$

(6) $4x^6 - 41x^4 + 46x^2 - 9 = 0$

(7) $81x^4 + 216x^3 - 126x^2 - 429x + 28 = 0$

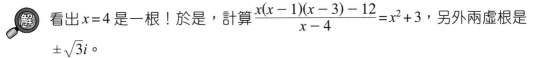 **例題2** 解 $x(x-1)(x-3) = 12$。

解 看出 $x = 4$ 是一根！於是，計算 $\dfrac{x(x-1)(x-3) - 12}{x-4} = x^2 + 3$，另外兩虛根是 $\pm\sqrt{3}i$。

註 前面談高次多項式的因式分解時，那些練習題，也是此處的練習題！

5.3 分式方程

 例題1 解 $\dfrac{1}{2(x-1)} + \dfrac{3}{x^2-1} = \dfrac{1}{4}$。

解 通分！亦即通乘以 $4(x^2-1)$

得 $2(x+1) + 12 = x^2 - 1$；$x^2 - 2x - 15 = 0$，答案是 $x = 5$，-3

【驗證與偽根】

此處的根不會使分母為零，故均合所求！

 例題2 解 $\dfrac{2x-5}{x-3} - \dfrac{2x-2}{2x+1} = \dfrac{x-2}{x-3}$。

解 合併同分母者：

$$\frac{x-3}{x-3} = \frac{2x-2}{2x+1}$$
$$1 = \frac{2x-2}{2x+1}$$
$$2x - 2 = 2x + 1$$
$$0 = 3 \text{（矛盾！）}$$

習題 1　解下列方程式：

(1) $\dfrac{3x-5}{9x} - \dfrac{6x}{3x-25} = \dfrac{1}{3}$

(2) $6 + \dfrac{1}{x-1} - \dfrac{3}{x+1} = \dfrac{10x-8}{x^2-1}$

(3) $\dfrac{5}{x-1} - \dfrac{4}{x+1} = \dfrac{3}{x+7}$

(4) $\dfrac{1}{x+4} + \dfrac{5}{x+6} = \dfrac{6}{x+3}$

(5) $\dfrac{x^2-3x}{x^2-1} + 2 + \dfrac{1}{x-1} = 0$

(6) $\dfrac{x^2+3x}{(3x+1)(x+1)} - 1 + \dfrac{x}{x+1} = 0$

(7) $\dfrac{x^2-11x}{x^2-1} + 2 + \dfrac{5}{x-1} = 0$

(8) $\dfrac{x-1}{x+1} + \dfrac{2x+1}{x(x+1)} - \dfrac{1}{x-2} + \dfrac{2}{x(x-2)} = 0$

(9) $\dfrac{x^2+1}{x-1} + \dfrac{x^2-2}{x-2} = 2x$

例題 3　解 $\dfrac{x}{x+3} + \dfrac{4}{x+5} = 1$。

 第一項分子，只差一點就是分母了！換句話說：

寫成：$\dfrac{x}{x+3} = \dfrac{(x+3)-3}{x+3} = 1 - \dfrac{3}{x+3}$，可以將右邊抵消掉！而化簡為：

$$-\dfrac{3}{x+3} + \dfrac{4}{x+5} = 0 \ ; \ \dfrac{3}{x+3} = \dfrac{4}{x+5}$$

於是通分而得：$3(x+5) = 4(x+3)$; $x = 3$

習題 2　解下列方程式：

(1) $\dfrac{7x-4}{x-1} = \dfrac{7x-26}{x-3}$

(2) $\dfrac{6x}{x-7} + \dfrac{1}{x-6} = 6$

(3) $\dfrac{6x-12}{2x-1} - \dfrac{6x-18}{3x-1} = 1$

(4) $\dfrac{x-2}{2x-1} - \dfrac{x-3}{3x-1} = \dfrac{1}{6}$

例題4 解 $\dfrac{1}{x-25} + \dfrac{1}{x+4} = \dfrac{1}{x-24} + \dfrac{1}{x+3}$。

解 不要一下子就通分！（自討苦吃！）

$4-3=1=25-24$；我們就配對移項：

$$\dfrac{1}{x-25} - \dfrac{1}{x-24} = \dfrac{1}{x+3} - \dfrac{1}{x+4}$$

通分時，記住：

$$\dfrac{1}{A} - \dfrac{1}{B} = \dfrac{B-A}{A*B}$$

因此上述方程式變成了：

$$\dfrac{1}{(x-25)(x-24)} = \dfrac{1}{(x+3)(x+4)}$$

我們只要反轉分數就好了：

$$(x-25)(x-24) = (x+3)(x+4)$$

這個根是 -3，24 的中點 $\dfrac{21}{2}$

習題3 解下列方程式：

(1) $\dfrac{1}{x-4} + \dfrac{1}{x-9} = \dfrac{1}{x-3} + \dfrac{1}{x-10}$

(2) $\dfrac{1}{x-7} + \dfrac{1}{x-1} + \dfrac{1}{x+1} + \dfrac{1}{x+7} = 0$

(3) $\dfrac{1}{x-1} + \dfrac{1}{x-9} = \dfrac{1}{x-3} + \dfrac{1}{x-7}$

(4) $\dfrac{x-1}{x+1} + \dfrac{x+5}{x+7} = \dfrac{x+1}{x+3} + \dfrac{x+3}{x+5}$

(5) $\dfrac{x-4}{x-5} + \dfrac{x-8}{x-9} = \dfrac{x-5}{x-6} + \dfrac{x-7}{x-8}$

(6) $\dfrac{x}{x+1} + \dfrac{x+1}{x+2} = \dfrac{x-2}{x-1} + \dfrac{x-1}{x}$

(7) $\dfrac{x}{x-3} - \dfrac{x-3}{x} + \dfrac{x}{x+3} - \dfrac{x+3}{x} = \dfrac{2}{3}$

(8) $\dfrac{5x-64}{x-13} - \dfrac{4x-55}{x-14} = \dfrac{2x-11}{x-6} - \dfrac{x-6}{x-7}$

(9) $\dfrac{x-1}{x-2} - \dfrac{x-2}{x-3} = \dfrac{x-4}{x-5} - \dfrac{x-5}{x-6}$

(10) $\dfrac{1}{x-13} - \dfrac{2}{x-15} = \dfrac{1}{x-19} - \dfrac{2}{x-18}$

(11) $\dfrac{x-1}{x+1} + \dfrac{x+5}{x+7} = \dfrac{x+1}{x+3} + \dfrac{x+3}{x+5}$

習題4 解下列（文字係數！）方程式：$(a \neq b)$

(1) $\dfrac{1}{x-a} + \dfrac{1}{x-b} = \dfrac{1}{a} + \dfrac{1}{b}$

(2) $\dfrac{x}{a} + \dfrac{a}{x} = \dfrac{x}{b} + \dfrac{b}{x}$

(3) $x^2 + \dfrac{1}{x^2} = a^2 + \dfrac{1}{a^2}$

(4) $\dfrac{a}{x+a} + \dfrac{b}{x+b} = \dfrac{a-c}{x+a-c} + \dfrac{b+c}{x+b+c}$

(5) $\dfrac{1}{x+a} + \dfrac{1}{x+b} = \dfrac{1}{c+a} + \dfrac{1}{c+b}$

(6) $\dfrac{x+a}{x-a} + \dfrac{x+b}{x-b} = \dfrac{x-a}{x+a} + \dfrac{x-b}{x+b}$

(7) $\dfrac{ab}{ax-1} + \dfrac{x}{x+b} = \dfrac{ab}{bx-1} + \dfrac{x}{x+a}$

例題5 解 $\dfrac{x+5}{x+2} - \dfrac{x+2}{x+5} = \dfrac{3}{2}$ 。

 令 $u = \dfrac{x+5}{x+2}$，則得：

$$u - \dfrac{1}{u} = \dfrac{3}{2}$$

$$2u^2 - 3u - 2 = 0 \; ; \; u = 2 , \dfrac{-1}{2}$$

於是 $x = 1 , -4$

習題5 解下列方程式：

(1) $\dfrac{x^2}{x+1} + \dfrac{x+1}{x^2} = 2$

(2) $\dfrac{x}{x^2+1} + \dfrac{x^2+1}{x} = \dfrac{5}{2}$

(3) $\dfrac{x^2+2}{x^2+4x+1}+\dfrac{x^2+4x+1}{x^2+2}=\dfrac{5}{2}$

(4) $x^2+4x-8=\dfrac{48}{x^2+4x}$

(5) $\dfrac{x^2+3x+1}{4x^2+6x-1}-3*\dfrac{4x^2+6x-1}{x^2+3x+1}=2$

註 互逆和

前三題，$\dfrac{5}{2}=2+\dfrac{1}{2}$；$\dfrac{10}{3}=3+\dfrac{1}{3}$；因此常出現；事實上你也知道：

$2=1+\dfrac{1}{1}$，比較特別！

習題❻ 解下列方程式：

(1) $\dfrac{x^3+7x^2+24x+30}{x^2+5x+13}=\dfrac{2x^3+11x^2+36x+45}{2x^2+7x+20}$

(2) $\dfrac{1}{x^2+11x-8}+\dfrac{1}{x^2+2x-8}+\dfrac{1}{x^2-13x-8}=0$

(3) $\dfrac{x}{x^2-3x+2}+\dfrac{2}{x^2-5x+6}-\dfrac{2}{x^2-4x+3}=0$

(4) $\dfrac{a+b}{x+b}+\dfrac{a+c}{x+c}=\dfrac{2(a+b+c)}{x+b+c}$

例題❻ 解方程式

$$\frac{(x-a)^2}{(x-b)(x-c)}+\frac{(x-b)^2}{(x-c)(x-a)}+\frac{(x-c)^2}{(x-a)(x-b)}=3$$

 看起來很繁，其實不難！（要注意到對稱性：a，b，c 三者的地位完全相

同！）通分之後，成為

$$(x-a)^3+(x-b)^3+(x-c)^3-3(x-a)(x-b)(x-c)=0$$

這時須回憶起基本三元三次對稱式（第 3 章最後）：

$$X^3+Y^3+Z^3-3XYZ=(X+Y+Z)*(X^2+Y^2+Z^2-XY-YZ-ZX)$$

此處，$X=(x-a)$，$Y=(x-b)$，$Z=(x-c)$，得：

$$X+Y+Z=(x-a)+(x-b)+(x-c)=0，x=\frac{a+b+c}{3}$$

或者

$$(x-a)^2+(x-b)^2+(x-c)^2-(x-a)(x-b)-(x-b)(x-c)-(x-c)(x-a)=0$$

左端整理之後，不含 x，成為：

$$a^2 + b^2 + c^2 - ab - bc - ca = 0$$

事實上，除非 $a = b = c$，否則：

$$a^2 + b^2 + c^2 - ab - bc - ca = \frac{1}{2}((a-b)^2 + (b-c)^2 + (c-a)^2) > 0$$

習題7（繁分式方程）：解下列方程式

(1) $$\dfrac{\dfrac{x^2}{1 + \dfrac{1}{x}} - \dfrac{1}{x+1} + 1}{\dfrac{x^2}{1 - \dfrac{1}{x}} - \dfrac{1}{x-1} - x} = x^2 - 2$$

(2) $$\dfrac{1}{1 - \dfrac{x}{x + \dfrac{1}{x - \dfrac{1}{x}}}} = x$$

(3) $$\dfrac{x+1}{x + 1 + \dfrac{1}{x - 1 + \dfrac{1}{x+1}}} = \dfrac{2x+5}{2x+9}$$

【比例的妙法】

分式

$$\frac{A}{B} = \frac{C}{D}$$

可以解釋為<u>比例</u>

$$A : B = C : D$$

從而有：

$$\frac{A}{A \pm B} = \frac{C}{C \pm D}$$

$$\frac{A \pm B}{B} = \frac{C \pm D}{D}$$

$$\frac{A+B}{A-B} = \frac{C+D}{C-D}$$

註 有時，把

$$\frac{A}{B} = C$$

解釋為

$$\frac{A}{B} = \frac{C}{1}$$

例題7 解方程式

$$\frac{x^2 - 4x + 6}{x^2 + 6x + 10} = \left(\frac{x-2}{x+3}\right)^2$$

解 今 $\dfrac{x^2 - 4x + 6}{x^2 + 6x + 10} = \dfrac{x^2 - 4x + 4}{x^2 + 6x + 9}$，即：

$$\frac{x^2 - 4x + 6}{x^2 - 4x + 4} = \frac{x^2 + 6x + 10}{x^2 + 6x + 9}$$

$$\frac{2}{x^2 - 4x + 4} = \frac{1}{x^2 + 6x + 9}$$

故 $x^2 - 4x + 4 = 2\,(x^2 + 6x + 9)$；$x^2 + 16x + 14 = 0$；$x = -3 \pm \sqrt{50}$

5.4 二次根式方程

【解釋】

根式方程是指方程式內有根式而根式內有未知元！

例題1 解 $\sqrt[3]{x^2 + 4x + 4} + \sqrt[3]{x+2} - 6 = 0$。

解 這幾乎是騙人的根式方程！事實上，只要令 $u = \sqrt[3]{x+2}$，原方程式就成為
二次方程 $u^2 + u - 6 = 0$，於是 $u = 2，-3$，那麼

$$x + 2 = u^3 = 8，或 -27；x = 6，或 -29$$

例題2 解 $\sqrt{x+3} + \sqrt{2x+6} = 2$。

解 這題太簡單：事實上，$\sqrt{2x+6} = \sqrt{2} * \sqrt{x+3}$，只要你心理上不怕 $\sqrt{2}$，那麼

$$(1+\sqrt{2})\sqrt{x+3}=2$$

$$\sqrt{3+x}=\frac{2}{1+\sqrt{2}}=2\sqrt{2}-2$$

於是平方之：

$$x+3=12-8\sqrt{2}\ ;\ x=9-8\sqrt{2}$$

例題③ 解 $\sqrt{x+10}=x+4$。

 這題的要點是：把 $\sqrt{x+10}$ 看成一個東西，叫它 u，於是

$u^2=x+10$，$x+4=u^2-6$，因而原方程式變成：

$$u=u^2-6$$

$$u^2-u-6=0\ ;\ u=3，或 -2$$

但是我們要記住主值規約：平方根 $u=\sqrt{x+10}$ 只取正值，不取負值！因此 $u=-2$ 不合所求！所以，$u=\sqrt{x+10}=3$，$x+10=9$，$x=-1$

若將 $\sqrt{x+10}=-2$ 平方，則：$x+10=4$，$x=-6$，這樣子的根是偽根；（如果開方時取了負根，就允許這個根了！）無理根式方程必須驗算，才能去除偽根！

習題① 解下列方程式：

(1) $x+\sqrt{x+5}=7$

(2) $8+\sqrt{6-x}=5x$

(3) $x+\sqrt{5x+10}=8$

(4) $2x-5\sqrt{x}+2=0$

(5) $\sqrt{x+7}=x-5$

(6) $3-x=\sqrt{2x-6}$

例題④ 解 $2x^2+6x=226-\sqrt{x^2+3x-8}$。

 這題不應該移項平方，那是自討苦吃！事實上應該看清：

以 $u=\sqrt{x^2+3x-8}\geq 0$，則 $2x^2+6x=2\ (u^2+8)$，於是方程式變形為：

$$2(u^2+8)+u=226 \;;\; 2u^2+u-210=0 \;;\; u=10 , \frac{-21}{2}$$

由規約 $u=\sqrt{x^2+3x-8}\geq 0$，故只有

$$u=\sqrt{x^2+3x-8}=10$$

$$x^2+3x-8=100 \;;\; x^2+3x-108=0 \;;\; x=9 , -12$$

習題2 解下列方程式：

(1) $x^2+3x+3\sqrt{x^2+3x-2}=6$

(2) $9\sqrt{x^2-9x+28}=x^2-9x+36$

(3) $\sqrt{x^2+3}=x^2-3$

(4) $6\sqrt{x^2-2x+6}=21+2x-x^2$

(5) $x^2+\sqrt{x^2-7x+18}=24+7x$

(6) $x^2-5x+\sqrt{x^2-5x+11}=19$

例題5 解 $6+\sqrt{x^2-3x+6}=2x$。

 先移項，再平方！（以剝掉「開方的枷鎖」）

$$\sqrt{x^2-3x+6}=2x-6$$

$$x^2-3x+6=(2x-6)^2=4x^2-24x+36$$

於是 $3x^2-21x+30=0 \;;\; x^2-7x+10=0 \;;\; x=2 , 5$

註 如果「直接平方」，那麼 $(A+B)^2=A^2+B^2+2A*B$，「開方的枷鎖」未能

剝掉！請用心思考！

習題3 解下列方程式：

(1) $2x-\sqrt{x^2-4x-5}=10$

(2) $\sqrt{x^2-2x-6}+12=3x$

(3) $x+\sqrt{25-x^2}=7$

(4) $2x-\sqrt{x^2-3x-3}=9$

(5) $\sqrt{(x+1)(5x-24)}-x=4$

代數是什麼？

(6) $x = 7 - \sqrt{x^2 - 7}$

 例題 **6** 解 $\sqrt{4x - 3} - \sqrt{x - 4} = 4$。

（解）移項 $\sqrt{4x - 3} = \sqrt{x - 4} + 4$；平方之：

$$4x - 3 = x - 4 + 16 + 8\sqrt{x - 4}\ ;\ 3x - 15 = 8\sqrt{x - 4}$$

再平方之：

$$9x^2 + 225 - 90x = 64x - 256\ ;\ 9x^2 - 154x + 481 = 0\ ;\ x = 13,\ \frac{37}{9}$$

但後者其實不合！

 習題 **4** 解下列方程式：

(1) $\sqrt{13 + x} + \sqrt{13 - x} = 6$

(2) $\sqrt{2x - 4} - \sqrt{x + 5} = 1$

(3) $\sqrt{4x + 5} + \sqrt{x + 3} = 5$

(4) $\sqrt{x + 2} + \sqrt{2x - 10} = 5$

(5) $\sqrt{x} + \sqrt{x + 7} = 7$

 例題 **7** 解 $\sqrt{3x^2 - 4x + 34} + \sqrt{3x^2 - 4x - 11} = 9$。

（解）令 $y = 3x^2 - 4x$，$\sqrt{y + 34} = 9 - \sqrt{y - 11}$

平方之：

$$y + 34 = 81 - 18\sqrt{y - 11} + y - 11$$

$$18\sqrt{y - 11} = 36\ ;\ \sqrt{y - 11} = 2$$

$$y = 11 + 4 = 15 = 3x^2 - 4x\ ;\ x = 3,\ \frac{-5}{3}$$

 例題 **8** 解 $2\sqrt{5 + 2x} - \sqrt{13 - 6x} = \sqrt{37 - 6x}$。

（解）平方之：

$$8x + 20 + 13 - 6x - 4\sqrt{(5 + 2x)(13 - 6x)} = 37 - 6x$$

120

整理成：

$$2x - 1 = \sqrt{(5 + 2x)(13 - 6x)}$$

$$4x^2 - 4x + 1 = 65 - 12x^2 - 4x$$

$$16x^2 = 64 \;;\; x = 2 \,,\, -2 \,（不合）$$

習題5 解下列方程式：

(1) $\sqrt{3x + 2} - \sqrt{2x + 1} = \sqrt{x + 1}$

(2) $\sqrt{2x + 1} + \sqrt{x - 3} - 2\sqrt{x} = 0$

(3) $\sqrt{x + 2} + \sqrt{4x + 1} - \sqrt{9x + 7} = 0$

(4) $\sqrt{x + 6} + \sqrt{3x - 5} - 3\sqrt{x - 1} = 0$

(5) $\sqrt{7x - 5} + \sqrt{7x - 4} = \sqrt{4x - 1} + \sqrt{4x - 2}$

(6) $\sqrt{2x + 3} + \sqrt{3x - 5} - \sqrt{x + 1} - \sqrt{4x - 3} = 0$

(7) $\sqrt{3x - 5} = \sqrt{4x - 3} - \sqrt{x - 6}$

(8) $4\sqrt{x - 1} - \sqrt{x + 4} = \sqrt{x + 20}$

(9) $\sqrt{x - 7} - \sqrt{x - 10} = \sqrt{x + 5} - \sqrt{x - 2}$

例題9 解 $\sqrt{1 - \sqrt{x^4 - x^2}} = x - 1$。

 （只是在嚇唬你！）平方之：

$$1 - \sqrt{x^4 - x^2} = (x - 1)^2 = x^2 - 2x + 1 \;;\; \sqrt{x^4 - x^2} = 2x - x^2$$

再平方之：

$$x^4 - x^2 = (2x - x^2)^2 = 4x^2 - 4x^3 + x^4$$

故 $x = 0 \,,\, \dfrac{5}{4}$，前者不符！

例題10 解 $\sqrt{2x + 1 + 2\sqrt{4x - 2}} - 3 = \sqrt{2x - 8}$。

 我們只要「慢慢剝」，但是要簡化計算！先移項：

$$\sqrt{2x + 1 + 2\sqrt{4x - 2}} = 3 + \sqrt{2x - 8}，再平方：$$

$$2x + 1 + 2\sqrt{4x - 2} = 9 + 6\sqrt{2x - 8} + 2x - 8 = 2x + 1 + 6\sqrt{2x - 8}$$

整理成：

$$2\sqrt{4x-2}=6\sqrt{2x-8}$$

則 $4x-2=9(2x-8)=18x-72$；$14x=70$，$x=5$

習題❻ 解下列方程式（根式內還有根式）：

(1) $\sqrt{2x+1-2\sqrt{2x+3}}=1$

(2) $\sqrt{x+7-\sqrt{5(x-2)}}=3$

(3) $\sqrt{x+\sqrt{x-\sqrt{1-x}}}=1$

(4) $\sqrt{x+\sqrt{2x+4}}-1=\sqrt{x-1}$

(5) $\sqrt{3x-3-4\sqrt{x-1}}=5-\sqrt{3x-6}$

(6) $\sqrt{3x-2\sqrt{3x-1}}=\sqrt{3x-1}-1$

5.4.1 根分式方程

【解釋】

方程式的分式內有根式！

例題1 解 $\sqrt{\dfrac{x+1}{1-x}}-\dfrac{1-x}{\sqrt{1-x^2}}=2$。

 必須仔細觀察！若令：$u=\sqrt{\dfrac{x+1}{1-x}}$，則 $\dfrac{1}{u}=\sqrt{\dfrac{1-x}{1+x}}=\dfrac{1-x}{\sqrt{1-x^2}}$

因此原方程式成為：

$$u-\frac{1}{u}=2 ; u=1+\sqrt{2}，1-\sqrt{2}（負值不符）$$

$$u=\sqrt{\frac{x+1}{1-x}}=1+\sqrt{2}，則 x=\frac{\sqrt{2}}{2}$$

習題1 解下列方程式：

(1) $\sqrt{x^2-5x+1}-4=\dfrac{5}{\sqrt{x^2-5x+1}}$

(2) $\sqrt{\dfrac{3x-2}{x-1}} + \sqrt{\dfrac{x-1}{3x-2}} = \dfrac{10}{3}$

(3) $3\sqrt{\dfrac{x+1}{x^2}} - 2\sqrt{\dfrac{x^2}{x+1}} + 1 = 0$

(4) $\sqrt{1 + \dfrac{9}{x}} + 4\sqrt{\dfrac{x}{x+9}} = 4$

 例題2 解 $\dfrac{\sqrt{x+5} + \sqrt{x-16}}{\sqrt{x+5} - \sqrt{x-16}} = \dfrac{7}{3}$。

(解) 可以利用合分比的技巧！因此：

$$\frac{\sqrt{x+5}}{\sqrt{x-16}} = \frac{7+3}{7-3} = \frac{5}{2}$$

於是：

$$\frac{x+5}{x-16} = \frac{25}{4} \; ; \; x = 20$$

當然也可以有理化：

$$\frac{2x - 11 + 2\sqrt{(x+5)(x-16)}}{21} = \frac{7}{3}$$

於是

$$2x - 11 + 2\sqrt{(x+5)(x-16)} = 49 \; ; \; 30 - x = \sqrt{(x+5)(x-16)}$$

$$900 - 60x + x^2 = x^2 - 11x - 80 \; ; \; 49x = 980 \text{，} x = 20$$

 例題3 解 $\dfrac{\sqrt{x+1} + \sqrt{x-1}}{\sqrt{x+1} - \sqrt{x-1}} - \dfrac{\sqrt{x+1} - \sqrt{x-1}}{\sqrt{x+1} + \sqrt{x-1}} = 4\sqrt{x-1}$

(解) （只是在嚇唬你！）我們只要將左邊兩項都有理化（此處亦即通分！）

$$\frac{(\sqrt{x+1} + \sqrt{x-1})^2 + (\sqrt{x+1} - \sqrt{x-1})^2}{2} = 4\sqrt{x-1}$$

若記住

$$(A+B)^2 + (A-B)^2 = 2(A^2 + B^2)$$

就很方便了：

$$2x = 4\sqrt{x-1} \; ; \; x = 2$$

例題 4 解 $\sqrt{3x-1} + \dfrac{2}{\sqrt{3x-1}} = \sqrt{5x+3}$。

 直接平方！

$$3x - 1 + \frac{4}{3x-1} + 4 = 5x + 3$$

於是

$$\frac{4}{3x-1} = 2x$$

$$3x^2 - x - 2 = 0$$

$$x = 1 \,,\, \frac{-2}{3} \text{（不合！）}$$

習題 2 解下列方程式：

(1) $\dfrac{\sqrt{x} + \sqrt{x-3}}{\sqrt{x} - \sqrt{x-3}} = 2x - 5$

(2) $\dfrac{x - \sqrt{3} + \sqrt{x^2-3}}{x - \sqrt{3} - \sqrt{x^2-3}} = \dfrac{3x + \sqrt{3}}{x - 5\sqrt{3}}$

(3) $\dfrac{\sqrt{7+x} + \sqrt{7-x}}{\sqrt{7+x} - \sqrt{7-x}} = \dfrac{7}{x}$

(4) $\dfrac{\sqrt{x-1} - \sqrt{x+1}}{\sqrt{x-1} + \sqrt{x+1}} = x - 3$

(5) $\dfrac{1}{x + \sqrt{x^2-4}} + \dfrac{1}{x - \sqrt{x^2-4}} = \dfrac{3}{2}$

(6) $\dfrac{1-x}{\sqrt{x^2+2} - x} + \dfrac{1+x}{\sqrt{x^2+2} + x} = 0$

(7) $\dfrac{5}{x + \sqrt{5+x^2}} - \dfrac{5}{x - \sqrt{5+x^2}} = 6$

(8) $\dfrac{1}{1 + \sqrt{1-x}} + \dfrac{1}{1 - \sqrt{1-x}} = \dfrac{2}{9}x$

(9) $\dfrac{x + \sqrt{x^2-1}}{x - \sqrt{x^2-1}} - \dfrac{x - \sqrt{x^2-1}}{x + \sqrt{x^2-1}} = 8\sqrt{x^2-1}$

(10) $\dfrac{1}{3 - \sqrt{3-x}} + \dfrac{1}{3 + \sqrt{3-x}} = \dfrac{2x+18}{x+6}$

(11) $\sqrt{5x} - \dfrac{4}{\sqrt{3x+1}} = \sqrt{3x+1}$

(12) $\dfrac{x-1}{1+\sqrt{x}} = 4 - \dfrac{1-\sqrt{x}}{2}$

(13) $\dfrac{x^3+1}{x^2-1} = x + \sqrt{\dfrac{6}{x}}$

(14) $\dfrac{7}{\sqrt{x-1}+4} + \dfrac{12}{\sqrt{x-1}+9} + \dfrac{1}{\sqrt{x-1}-4} + \dfrac{6}{\sqrt{x-1}-9} = 0$

(15) $\dfrac{1}{\sqrt{x}+\sqrt{x+1}} + \dfrac{1}{\sqrt{x+1}+\sqrt{x+2}} = \dfrac{1}{\sqrt{x+2}+\sqrt{x+3}}$

5.4.2 三次根式的方程

 解 $\sqrt[3]{7x-6} + \sqrt[3]{22-7x} = 4$。

 這一題的難處是和的立方恆等式：
$$(A+B)^3 = A^3 + B^3 + 3A*B*(A+B)$$

於是：
$$4^3 = 64 = (7x-6) + (22-7x) + 3*4*\sqrt[3]{(7x-6)(22-7x)}$$

即：
$$64 - 16 = 48 = 12*\sqrt[3]{(7x-6)(22-7x)} \ ; \ \sqrt[3]{(7x-6)(22-7x)} = 4$$

因此：
$$(7x-6)(22-7x) = 4^3 = 64 \ ; \ (7x-6)+(22-7x) = 16$$

於是：$(7x-6)$，$(22-7x)$ 是 $t^2 - 16t + 64 = 0$ 的根！即：
$$(7x-6) = 8 = (22-7x) \ ; \ x = 2$$

☞注意⇨改為解 $\sqrt[3]{7x-6} + \sqrt[3]{22-7x} = -2$，$x = $ ？

習題 解 $\sqrt[3]{19x+49} - \sqrt[3]{19x-49} = 2$。

5.5 二元一、二次聯立方程

【解析幾何的解釋】

一個二元二次方程式

$$Ax^2 + Bxy + Cy^2 + Dx + Ey + F = 0$$

在座標幾何看來就代表一條「錐線」：雙曲線或橢圓，或者拋物線。

偶爾也可能「退化」，變成「兩條直線的聯集」：

$$(a_1x + b_y + c_1) * (a_2x + b_2y + c_2) = 0$$

所以，一個二元二次方程式與（代表一條「直線」的）一個二元一次方程式的聯立，就是兩者的<u>交截</u>：

通常是兩個（相異）「交點」，這是「錐線與直線相割」；

若兩個「交點」重合，這是「錐線與直線相切」；

若兩個「交點」是虛交點，這是「錐線與直線相離」。

註

$$\text{判準 } B^2 - 4A*C \begin{cases} > 0\text{，是雙曲線} \\ = 0\text{，是拋物線} \\ < 0\text{，是橢圓} \end{cases}$$

特別當 $A = C$，$B = 0$ 時，是正圓！

例題 1 解二元聯立方程：

$$\begin{cases} 3x - y - 1 = 0 \\ x^2 - 3xy - y^2 + 5x - 2y + 8 = 0 \end{cases}$$

 由一次方程著手，「消去一元」，如：

$y = 3x - 1$；故 $x^2 - 3x(3x - 1) - (3x - 1)^2 + 5x - 2(3x - 1) + 8 = 0$

即 $17x^2 - 8x - 9 = 0$，於是 $x = 1$，$\dfrac{-9}{17}$；對應地 $y = 2$，$\dfrac{-44}{17}$

習題 1 解下列二元聯立方程式：

(1) $2x + y = 13$，$xy = 15$

(2) $x + 2y = 7$，$2x^2 - y^2 = 14$

(3) $2x - 5y - 3 = 0$，$x^2 + xy - 20 = 0$

(4) $4x + 3y + 3 = 0$，$y^2 + xy = 10$

(5) $2y - 3x = 1$，$13x^2 - 8xy + 3 = 0$

(6) $x + 3y + 1 = 0$，$x^2 - 4y^2 = 2x - 1$

(7) $2x - y = 5$，$x + 3y = 2xy$

(8) $2x - 3y = 1$，$2x^2 - 5xy + y^2 + 10x + 12y - 100 = 0$

(9) $x - 2y = 1$，$x^2 - xy - y^2 - 2x + 3y = 7$

(10) $4x - 5y = 1$，$2x^2 - xy + 3y^2 + 3x - 4y = 47$

(11) $\sqrt{x + 7} + \sqrt{y + 63} = 11$，$x + y = 3$

(12) $\dfrac{3}{\sqrt{x}} + \dfrac{4}{\sqrt{y}} = 3$，$\dfrac{3}{x} - \dfrac{1}{y} = \dfrac{1}{12}$

【二元和積問題】

例題 2 解二元聯立對稱的方程：$x + y = p$，$x * y = q$。

 考慮 t 的一元二次方程式

$$t^2 - p * t + q = 0$$

它的兩個根 t_1，t_2，就是所要的兩組解：

$$(x = t_1，y = t_2) ; (x = t_2，y = t_1)$$

以後我們可以寫成：$\{x，y\} = \{t_1，t_2\}$

例題 3 如求解：$x + y = 5$，$x * y = 6$，則得：$x = 2$，$y = 3$；或 $x = 3$，$y = 2$

習題2 解下列二元聯立方程式：

(1) $x+y=10$，$x*y=21$

(2) $x+y=9$，$x*y=20$

(3) $x+y=33$，$x*y=90$

(4) $x+y=27$，$x*y=180$

(5) $x-y=1$，$x*y=56$

(6) $x-y=13$，$x*y=30$

(7) $x-y=3$，$x*y=54$

(8) $7x+11y=29$，$x*y=2$

例題4 求解：$x+y=9$，$x^2+y^2=41$。

解 $2x*y=(x+y)^2-(x^2+y^2)=81-41=40$

$$x*y=20，x+y=9$$

則得 $x=4$，$y=5$ 或 $x=5$，$y=4$

習題3 解下列二元聯立方程式：

(1) $x+y=10$，$x^2+y^2=68$

(2) $x+y=13$，$x^2+y^2=85$

(3) $x-y=1$，$x^2+y^2=221$

(4) $x-y=3$，$x^2+y^2=45$

(5) $x+y=7$，$x^2+y^2+x*y=37$

(6) $x-y=5$，$x^2+y^2-x*y=39$

(7) $x-y=1$，$x^2+y^2-x*y=7$

(8) $3x-2y=13$，$9x^2+x*y+4y^2=91$

習題4 解下列二元（一次與二次）聯立方程式：

(1) $x + 2y = -1$，$x^2 - 2x*y + 4x - 3 = 0$

(2) $x + 2y = 3$，$3x^2 + 4y^2 + 12x = 7$

(3) $3x + 2y = 4$，$x^2 - 2x*y + 4y^2 = 12$

例題5 求解：$x + y = 3$，$x^2 - y^2 = 3$。

 （這和前一題大不相同！）很簡單：「一除」就好了！

$x - y = 1$，（「和差問題」），$x = 2$，$y = 1$

習題5 解下列二元聯立方程式：

(1) $x - y + 5 = 0$，$x^2 - y^2 + 35 = 0$

(2) $3x + 4y = 5$，$(3x - 1)^2 - (4y + 2)^2 = 60$

(3) $\dfrac{1}{x} - \dfrac{1}{y} = 4$，$\dfrac{1}{x^2} - \dfrac{1}{y^2} = 4$

(4) $\dfrac{3}{x} - \dfrac{4}{y} = \dfrac{1}{3}$，$\dfrac{9}{x^2} + \dfrac{16}{y^2} = \dfrac{5}{9}$

5.6 二元二次聯立方程

5.6.1 設法得出一次的方程

【想法】

一個退化的二次方程就是可以分解（因式）為兩個一次方程者！

【特例：二元齊次方程】

一個二元齊次方程當然退化：代表了「過原點的兩條直線的聯集」！

代數上，我們由 $Ax^2 + Bxy + Cy^2 = 0$，令 $t = \dfrac{y}{x}$，而原方程式就等於「一元 t

的不齊次」方程：

$$A + Bt + Ct^2 = 0$$

其兩根 $t = t_1$，$t = t_2$，就代表斜率！

 例題1 解聯立方程

$$\begin{cases} 6x^2 - 19xy - 7y^2 = 0 \\ xy + y^2 = 18 \end{cases}$$

解 第一個方程式是「二元二次齊次方程式」！事實上：

$$6x^2 - 19xy - 7y^2 = (3x + y)(2x - 7y) = 0 \; ; \; y = 3x \text{，或} \; y = \frac{2x}{7}$$

所以原來的方程組變成兩組：

$$y = -3x \; , \; xy + y^2 = 18 \quad (a)$$

$$\text{或} \quad y = \frac{2x}{7} \; , \; xy + y^2 = 18 \quad (b)$$

(a)給出 $-3x^2 + 9x^2 = 18$；$x = \pm\sqrt{3}$，因而 $y = \mp 3\sqrt{3}$

(b)給出 $\frac{2}{7}x^2 + \frac{4}{49}x^2 = 18$；$x = \pm 7$，因而 $y = \pm 2$

一共有 4 組答案！

習題1 解下列二元聯立方程式：

(1) $y^2 - 3xy = 0$，$3x^2 + 5y^2 = 48$

(2) $x^2 - 5xy + 6y^2 = 0$，$x^2 + y^2 + x - 11y - 2 = 0$

(3) $3x^2 + 5xy - 2y^2 = 0$，$x^2 - 2y^2 + 6x + 4y + 8 = 0$

(4) $\frac{x}{y} + \frac{y}{x} = \frac{5}{2}$，$x^2 + 2y^2 = 9$

例題2 （缺一次項）：解聯立方程

$$\begin{cases} 3x^2 - xy = 105 \quad (a) \\ 3xy - y^2 = 90 \quad (b) \end{cases}$$

 解 兩個方程式都不是「二元二次齊次方程式」！但是都「缺一次項」！只

是「有（非零）常數項」！

那麼我們可以「消去常數項」！6*(a)－7*(b)就好了：

$$16x^2 - 27xy + 7y^2 = 0 \ ; \ y = \frac{6x}{7} \text{，或} y = 3x$$

於是，$y = \dfrac{6x}{7}$ 與(a)配合：$x^2 = 7^2$，$x = \pm 7$，$y = \pm 6$

但若是 $y = 3x$ 與(a)配合：$3x^2 - 3x^2 = 105$，這是矛盾方程！

習題2 解下列二元聯立方程式：

(1) $x^2 + xy + 2y^2 = 44$，$2x^2 - xy + y^2 = 16$

(2) $x^2 - 2xy = 21$，$xy + y^2 = 18$

(3) $x^2 + 3xy + 2y^2 = 3$，$2x^2 + y^2 = 6$

(4) $x^2 - 3xy + y^2 = -1$，$3x^2 - xy + 3y^2 = 13$

(5) $x^2 - 3xy + y^2 = 1$，$3x^2 - xy + 3y^2 = 13$

(6) $3x^2 - 2xy + y^2 = 2$，$2x^2 + xy - y^2 = 2$

(7) $3x^2 - 5y^2 = 28$，$3xy - 4y^2 = 8$

(8) $x^2 + 2xy = 16$，$xy + 2y^2 = 24$

(9) $x^2 - xy = 6$，$x^2 + y^2 = 61$

(10) $x^2 - xy + 4y^2 = 10$，$-5xy + y^2 = 6$

(11) $x^2 - xy = 4$，$x^2 + xy = 21$

(12) $4x^2 + xy = 8$，$y^2 + 3xy = 28$

(13) $x^2 + 2xy - 3y^2 = 5$，$2x^2 - xy + y^2 = 7$

(14) $6x^2 - xy - 2y^2 = 56$，$5x^2 - xy - y^2 = 49$

例題3 （缺常數項，及某元之一次項）：解聯立方程

$$\begin{cases} x^2 - 3xy + 2y^2 = 3x & (a) \\ 2x^2 + y^2 = 6x & (b) \end{cases}$$

解 2*(a)－(b)，消去 x：

$$-6xy + 3y^2 = 0 \ ; \ y = 0 \text{，或} y = 2x$$

若 $y=0$，則 $x^2=3x$，$x=0$，或 $x=3$

若 $y=2x$，則 $x^2=x$，$x=0$，或 $x=1$

習題3 解下列二元聯立方程式：

(1) $x^2 - 2y^2 = 4y$，$3x^2 + xy - 2y^2 = 16y$

(2) $x^2 - 3xy - 7y^2 = -3y$，$2x^2 + 5xy + y^2 = y$

(3) $x^2 - 2xy + 4y^2 = 2x$，$3x^2 - 4xy + 10y^2 = 7x$

(4) $x^2 + xy = 6y$，$x^2 + y^2 = 5y$

【二次項成比例】

此時可以消去而得一次方程！

例題4 解聯立方程

$$\begin{cases} x + xy = 35 & (a) \\ y + xy = 32 & (b) \end{cases}$$

 兩個方程式相減就好了：$x - y = 3$，$x = y + 3$ 代回(b)，得：

$y^2 + 4y - 32 = 0$

$y = 4$，$(x = 7)$；$y = -8$，$(x = -5)$

習題4 解下列二元聯立方程式：

(1) $3x^2 + 5x - 8y = 36$，$2x^2 - 3x - 4y = 3$

(2) $2x^2 - 5xy + 3x - 2y = 10$，$5xy - 2x^2 + 7x - 8y = 10$

(3) $2x^2 + 4xy - 2x - y + 2 = 0$，$3x^2 + 6xy - x + 3y = 0$

(4) $x^2 - 2xy - 3x + y - 1 = 0$，$3x^2 - 6xy - 7x + 4y - 4 = 0$

(5) $x^2 + y^2 = 5$，$(x - 1)^2 + (y + 2)^2 = 4$

(6) $xy - 9y + 2 = 0$，$xy - x + 2 = 0$

(7) $5xy - 3x - 2y = 0$，$4xy - 15x + 4y = 0$

(8) $2xy - 13x - 8y + 49 = 0$，$3xy - 9x + 19y + 77 = 0$

【特例：有只含一元的方程】

這代表兩鉛垂線或兩水平線！

 例題5 如下聯立方程，其一只含有 x！

$$\begin{cases} 2x^2 + 3xy + y^2 - 35 = 0 & (a) \\ x^2 + x - 6 = 0 & (b) \end{cases}$$

解 由(b)，$x = 2$，-3

若 $x = 2$，代入(a)，則：$y^2 + 6y - 27 = 0$，$y = -9$，3

若 $x = -3$，代入(a)，則：$y^2 - 9y - 17 = 0$，$y = \dfrac{9 \pm \sqrt{149}}{2}$

 例題6 如下聯立方程，可以消去 x 的項！

$$\begin{cases} 2x^2 - 6xy + y^2 + 8x + 2y - 3 = 0 & (a) \\ x^2 - 3xy + 2y^2 + 4x + 3y - 1 = 0 & (b) \end{cases}$$

解 $(a) - 2*(b)$：$-(3y^2 + 4y + 1) = 0$；$y = -1$，$\dfrac{-1}{3}$

若 $y = -1$，代入(b)，則：$x^2 + 3x + 2 + 4x - 3 - 1 = 0$；$x^2 + 7x - 2 = 0$

若 $y = -\dfrac{1}{3}$，代入(b)，則：$x^2 + x + \dfrac{2}{9} + 4x - 1 - 1 = 0$；$9x^2 + 45x - 16 = 0$

習題5 解下列二元聯立方程式：

(1) $5x^2 + 6x - 6y + 1 = 0$，$3x^2 - 4x + 5y - 9 = 0$

(2) $3x^2 + 3x - 7y - 6 = 0$，$2x^2 - 3x + 6y + 1 = 0$

(3) $2y^2 - 3x + y - 7 = 0$，$y^2 - 4x + 3y - 6 = 0$

(4) $x^2 - 3xy + y^2 + 2x - 3y + 2 = 0$，$x^2 + 3xy - y^2 + 2x + 3y - 2 = 0$

(5) $x^2 + 3xy + x - 8 = 0$，$2x^2 - xy + 2x - 2 = 0$

(6) $2x^2 - 3y^2 + 9x + 1 = 0$，$x^2 - y^2 + 4x - 1 = 0$

(7) $3x^2 - y^2 + 2y - 3 = 0$，$x^2 + y^2 - 3y + 1 = 0$

【含二元但已分解的方程】

例題7 如下聯立方程，是最無聊：兩方程式都可以分解！

$$\begin{cases} x^2 - y^2 + x + 5y - 6 = 0 & (a) \\ 6x^2 - xy - y^2 - 5x + 5y - 4 = 0 & (b) \end{cases}$$

解

$$(a) : (x + y - 2)(x - y + 3) = 0$$

$$(b) : (2x - y + 1)(3x + y - 4) = 0$$

(a)，(b)各是兩條直線的聯集！

習題6 解下列二元聯立方程式：

(1) $2(x+y)^2 = 9(x+y) + 18$，$(x-y)^2 = 6 - (x-y)$

(2) $(x+y)^2 + (x+y) - 30 = 0$，$(x-y)^2 + (x-y) = 0$

例題8 如下聯立方程，(b)可以分解因式！

$$\begin{cases} x^2 - 2xy + 5 = 0 & (a) \\ x^2 - 2xy + y^2 - 4 = 0 & (b) \end{cases}$$

由(b)，$y - x = \pm 2$；再代入(a)：

若 $y = x + 2$：$-x^2 - 4x + 5 = 0$，$x = 1$，$(y = 3)$或 $x = -5$，$(y = -3)$

若 $y = x - 2$：$-x^2 + 4x + 5 = 0$，$x = 5$，$(y = 3)$或 $x = -1$，$(y = -3)$

習題7 解下列二元聯立方程式：

(1) $x^2 + 2xy + y^2 = 9$，$x^2 - 2xy + y^2 - 3x + 3y + 2 = 0$

(2) $(x+y+1)^2 + (x+y)^2 = 25$，$x^2 - y^2 = 3$

(3) $x^2 + y^2 + 3xy + 1 = 0$，$xy + 2x - 2y - 4 = 0$

(4) $2x^2 + 4xy + 2y^2 + 3x + 3y - 2 = 0$，$3x^2 - 32y^2 + 5 = 0$

(5) $x^2 + xy = xy - y^2 + 2y$，$y^2 + xy = x^2 - xy + 2x$

5.6.2 觀察對稱性

這是極常見的情形！

 例題1 解二元聯立方程

$$\begin{cases} x^2 + y^2 = 5 \\ xy = 2 \end{cases}$$

(解) 最簡單的辦法是：

$$(x \pm y)^2 = x^2 + y^2 \pm 2xy = 5 \pm 4$$

就化成和差問題了！

 例題2 解二元聯立方程

$$\begin{cases} \dfrac{x}{2} + \dfrac{y}{5} = 5 \\ \dfrac{2}{x} + \dfrac{5}{y} = \dfrac{5}{6} \end{cases}$$

(解) 注意到，兩個分數 $u = \dfrac{x}{2}$，$v = \dfrac{y}{5}$

出現為 $u + v = 5$，$\dfrac{1}{u} + \dfrac{1}{v} = \dfrac{u+v}{u*v} = \dfrac{5}{6}$；$u*v = 6$

於是兩個對稱解是：$(u = 3，v = 2)$；$(u = 2，v = 3)$

 例題3 解二元聯立方程

$$\begin{cases} \dfrac{x^2}{y} + \dfrac{y^2}{x} = 18 & (a) \\ x + y = 12 & (b) \end{cases}$$

(解) 不要消去！因為那會抹殺對稱性！注意到：(a)是

$$\frac{x^3 + y^3}{x*y} = 18$$

然而要記住極有用的公式：$x^3 + y^3 = (x+y)*((x+y)^2 - 3x*y)$

此處就是：$x^3 + y^3 = 12*(144 - 3x*y) = 12(144 - 3v)$，$v = x*y$

而有：

$$x+y=12 \; ; \; \frac{12*(144-3v)}{v}=18$$

$$12^3=54v \; ; \; v=x*y=32 \; ; \; \{x,y\}=\{4,8\}$$

習題 ❶ 解下列二元聯立方程式：

(1) $(x+y)^2+(x+y)-2xy-4=0$ ，$(x+y)^2-3xy-1=0$

(2) $(x+y)^2-4(x+y)+2xy=1$ ，$2(x+y)^2-5xy=12$

(3) $(x+y)^2+(x+y)-2xy=2$ ，$(x+y)^2-3xy=1$

(4) $xy+x+y=1$ ，$x^2y+y^2x=-30$

(5) $\frac{1}{x}+\frac{1}{y}=\frac{5}{6}$ ，$x^2y+xy^2=30$

(6) $x+y=8xy$ ，$x^2+y^2=4x^2y^2$

(7) $\frac{3}{x}-\frac{2}{y}=\frac{1}{3}$ ，$\frac{9}{x^2}+\frac{4}{y^2}=\frac{5}{9}$

(8) $4\left(x+\frac{y^2}{x}\right)\left(y+\frac{x^2}{y}\right)=25xy$ ，$x+y=6$

(9) $\sqrt{\frac{x}{y}}+\sqrt{\frac{y}{x}}=\frac{13}{6}$ ，$x+y=13$

(10) $x+y=4$ ，$x^3+y^3=28$

(11) $x-y=2$ ，$x^3-y^3=488$

(12) $x+y=3$ ，$x^4+y^4=17$

(13) $x+y=3$ ，$x^5+y^5=33$

(14) $x^2+xy+y^2=37$ ，$x^4+x^2y^2+y^4=481$

(15) $x^2-xy+y^2=7$ ，$x^4+x^2y^2+y^4=133$

(16) $x+\sqrt{xy}+y=28$ ，$x^2+xy+y^2=336$

(17) $x+y+\sqrt{x^2+y^2}=30$ ，$xy=60$

(18) $\frac{5}{x^2}+\frac{4}{y^2}=81$ ，$9xy=1$

(19) $\frac{1}{x+y}+\frac{2}{x-y}=8$ ，$x^2-y^2=\frac{1}{6}$

例題4 （有點對稱的情形）：解二元聯立方程

$$\begin{cases} x^2 + x + y^2 = 15 \\ 2xy + y = 15 \end{cases}$$

解 相加得

$$(x+y)^2 + (x+y) = 30 ; (x+y) = 5，-6$$

若 $x+y=5$，則 $x^2+x+25-10x+x^2=15$，$2x^2-9x+10=0$

$x=2，(y=3)$，或 $x=\dfrac{5}{2}$，$y=\dfrac{5}{2}$

若 $x+y=-6$，則 $2x^2+13x+21=0$

$x=-3，(y=-3)$，或 $x=\dfrac{-7}{2}$，$y=\dfrac{-5}{2}$

習題2 解下列二元聯立方程式：

(1) $x^2 + xy = 4x - 2$，$y^2 + xy = 4y - 1$

(2) $x^2 - xy = 2x + 5$，$xy - y^2 = 2y + 2$

習題3 （以除法降次）：解下列二元聯立方程式

(1) $x^2 - xy + y^2 = 13$，$x^3 + y^3 = 91$

(2) $x^3 + 1 = 9y$，$x^2 + x = 6y$

(3) $\dfrac{y}{x} + \dfrac{1}{xy} = \dfrac{20}{3}$，$xy + \dfrac{x}{y} = \dfrac{5}{3}$

5.7 更多元的雜題

例題1 解三元聯立方程

$$\begin{cases} xy = 12 \\ yz = 20 \\ zx = 15 \end{cases}$$

總乘：$(xyz)^2 = 3600$；$xyz = \pm 60$；於是：

$$x = \pm 3 \text{ , } y = \pm 4 \text{ , } z = \pm 5$$

習題 1 解下列三元聯立方程式：

(1) $\begin{cases} (x+2)(y+3) = 15 \\ (y+3)(z+4) = 35 \\ (z+4)(x+2) = 21 \end{cases}$

(2) $\begin{cases} (x+y)(x+z) = 12 \\ (y+x)(y+z) = 15 \\ (z+x)(z+y) = 20 \end{cases}$

(3) $\begin{cases} x^2 - (y-z)^2 = 16 \\ y^2 - (z-x)^2 = 25 \\ z^2 - (x-y)^2 = 36 \end{cases}$

(4) $\begin{cases} x(y+z-x) = 16 \\ y(z+x-y) = 24 \\ z(x+y-z) = 30 \end{cases}$

例題 2 解三元聯立方程

$$\begin{cases} xy + x + y = 5 \\ yz + y + z = 11 \\ zx + z + x = 7 \end{cases}$$

改寫成

$$\begin{cases} (x+1)(y+1) = 6 \\ (y+1)(z+1) = 12 \\ (z+1)(x+1) = 8 \end{cases}$$

習題 2 解下列三元聯立方程式：

(1) $\begin{cases} 4yz - 3zx + 2xy = 9 \\ 2yz + 5zx - 3xy = 4 \\ 5yz + 6zx - 4xy = 8 \end{cases}$

註 當然是看成 yz，zx，xy（切記這種順序！）的一次方程組！

(2)$x(y+z)=16$，$y(z+x)=21$，$z(x+y)=25$

(3)$\dfrac{y}{z}+\dfrac{z}{y}=3x$，$\dfrac{z}{x}+\dfrac{x}{z}=4y$，$\dfrac{x}{y}+\dfrac{y}{x}=5z$

例題❸ （比例法）：解三元聯立方程

$$\begin{cases} x=3\sqrt{x+y+z} \\ y=4\sqrt{x+y+z} \\ z=5\sqrt{x+y+z} \end{cases}$$

解 總加之後就算出 $\sqrt{x+y+z}$ 了！當然就得解了！

習題❸ 解下列三元聯立方程式：

(1)$\begin{cases} x+2y+3z=56/(3x-y+z) \\ 2x-3y+5z=44/(3x-y+z) \\ 3x+4y-2z=20/(3x-y+z) \end{cases}$

(2)$\begin{cases} 4yz-3zx+2xy=\dfrac{5}{2}xyz \\ 2yz+5zx-3xy=4xyz \\ 5yz+6zx-4xy=8xyz \end{cases}$

(3)$\begin{cases} (y+z)(x+y+z)=30 \\ (z+x)(x+y+z)=24 \\ (x+y)(x+y+z)=18 \end{cases}$

(4)$\begin{cases} x(x+2y+3z)=6 \\ y(x+2y+3z)=6 \\ z(x+2y+3z)=6 \end{cases}$

(5)$\begin{cases} (2y+z)(x+y+z)=42 \\ (2z+x)(x+y+z)=42 \\ (2x+y)(x+y+z)=24 \end{cases}$

(6)$\dfrac{y+z}{2}=\dfrac{z+x}{3}=\dfrac{x+y}{4}=\dfrac{2xyz}{15}$

(7)$\dfrac{y+z}{2}=\dfrac{z+x}{3}=\dfrac{x+y}{7}=\dfrac{x^2+y^2+z^2}{26}$

例題④ （消去一元）：解三元聯立方程

$$\begin{cases} x+y+z=6 & (a) \\ x^2+y^2+z^2=14 & (b) \\ yz=6 & (c) \end{cases}$$

 這並不對稱！只是對於$(y，z)$對稱而已！那麼，只要算出$u=y+z$就好了！

今由(a)，（一次方程！）先消去x

$$x=6-(y+z)=6-u$$

$$x^2=u^2+36-12u$$

而 $y^2+z^2=u^2-2yz=u^2-12$

代入(b)：$u^2+36-12u+u^2-12=14$；$2u^2-12u+10=0$；$u=5，1$

若$y+z=5$，$yz=6$，則$y，z=2，3$，$(x=1)$

若$y+z=1$，$yz=6$，則$y，z=\dfrac{1\pm\sqrt{23}i}{2}$，$(x=5)$

習題④ 解下列三元聯立方程式（先消去一元）：

(1) $\begin{cases} x+y+z=2 \\ x^2+y^2+z^2=62 \\ xz=6 \end{cases}$

(2) $\begin{cases} x-y-z=2 \\ x^2+y^2-z^2=-4 \\ xy=6 \end{cases}$

(3) $\begin{cases} x-y=21 \\ x^2+y^2+z^2=269 \\ -yz+zx+xy=22 \end{cases}$

(4) $\begin{cases} x-2y-8z=-13 \\ 5x+3y-z=0 \\ 2x^2+4y^2-z^2+6yz-8zx+15xy+51x+18y=-8 \end{cases}$

(5) $\begin{cases} 2x+y-z=1 \\ x+2y+z=2 \\ 2x^2+y^2-z^2+yz=3 \end{cases}$

(6) $\begin{cases} x+y-3z=0 \\ 4x+3y-10z=0 \\ x^2+x+yz+y-z=5 \end{cases}$

習題 5 解下列三元聯立方程式（先消去兩元）：

$$\begin{cases} x+\dfrac{1}{y}=\dfrac{3}{2} \\[2mm] y+\dfrac{1}{z}=\dfrac{7}{3} \\[2mm] z+\dfrac{1}{x}=4 \end{cases}$$

代數是什麼？

附錄

[從算術到代數]

0.1 雞兔同籠

【從龜鶴算談起】

日本有許多寺院。古來的傳統是：寺院裡的和尚，研究佛學之外也研究數學。數學大師森重文談到他小學四年級時的故事，就是以這個做背景。

有一天，他的老師說：「我們上次去遠足時，看到那個大寺院，那淺淺寬廣的水池中有許多靈秀的烏龜與白鶴」。

「故事裡，有一天，和尚師父開始向徒弟們講授高一級的算學。先出個題目讓他們思考」：

「本寺院內的大水池，池中有龜有鶴。數一數：一共有 47 個頭，一共有 148 隻腳。請問：有幾隻龜，幾隻鶴？」

「今天我就以這個題目來懸賞！獎品是一盒京都麻糬，做出來的人平分！」

結果全班只有他[1]一個人解出來！

【算術的解法（甲上）】

想像：寺院內養了更多隻烏龜。先清場，把所有白鶴都請出水池外！招呼 47 隻烏龜到池中。那麼就有 4*47 = 188 隻腳。

因為 188 > 148。所以這不是答案！

於是，（假定這些白鶴、烏龜都是這麼有靈性！）開始做龜鶴替換：

---

[1] 從此他立志學數學！他得到了 Fields 獎（＝數學的 Nobel 獎）！

● 把一隻龜叫出去水池外，叫一隻白鶴進入池中，池中是「46 龜 1 鶴」，

總頭數還是 47；但是 4 隻腳改為 2 隻腳，腳數減少了 2。

總腳數 ＝ 188 － 2 ＝ 186 > 148。

● 繼續再把一隻龜叫出去水池外，叫一隻鶴入池。「45 龜 2 鶴」，

總頭數還是 47；但是

總腳數 ＝ 186 － 2 ＝ 184 > 148。

● 繼續下去吧！

● ⋯⋯⋯⋯⋯⋯⋯⋯⋯⋯⋯⋯⋯⋯⋯⋯⋯⋯⋯⋯⋯⋯⋯⋯⋯⋯⋯

● ⋯⋯⋯⋯⋯再把一隻龜叫出去水池外，叫一隻鶴入池。「27 龜 20 鶴」，

總頭數還是 47；但是

總腳數 ＝ 150 － 2 ＝ 148。（萬歲！）

這位四年級的小朋友森重文的脾氣非常非常好！他耐心地算出來了。

龜	47	46	45	44	43	42	41	40	39	38	37
鶴	0	1	2	3	4	5	6	7	8	9	10
腳	188	186	184	182	180	178	176	174	172	170	168
龜	37	36	35	34	33	32	31	30	29	28	27
鶴	10	11	12	13	14	15	16	17	18	19	20
腳	168	166	164	162	160	158	156	154	152	150	148

如果他是六年級的，他這麼算：

若是「47 龜 0 鶴」，總腳數 4*47 ＝ 188，超過的總腳數 ＝ 188 － 148 ＝ 40。每替換一次，總腳數會減少 2，因此必須做以鶴換龜共 40 ÷ 2 ＝ 20 次；因而答案是：20 隻鶴 27 隻龜。

【另解（甲下）】

一開始清場時，所有烏龜都請出水池外！

那麼 47 隻白鶴只有 2*47 ＝ 94 隻腳，總腳數欠了 148 － 94 ＝ 54。那麼必須做以龜換鶴共 54 ÷ 2 ＝ 27 次，因而答案是：20 隻鶴 27 隻龜。

【另外兩種解】

當然也可以從頭就著眼在：<u>總腳數 = 148</u>。

（乙上）一開始清場時，把所有白鶴都請出水池外！從 $\frac{148}{4} = 37$ 隻龜開始。總腳數對了，而總頭數 37 < 47 不足！那麼要維持總腳數，而讓頭數增加，就必須做<u>兩鶴換一龜</u>，一共替換 10 次。

（乙上）也可以在開始清場時，把所有烏龜都請出水池外！池中必須有白鶴 $\frac{148}{2} = 74$ 隻。總腳數對了，而總頭數 74 > 47 超過了。

那麼就必須做<u>一龜換兩鶴</u>：一共替換 27 次。

以上四種想法（甲上、甲下、乙上、乙下）對於六年級的學生基本上是相同的。但是對於小朋友<u>森重文</u>是有稍許的不同。（替換次數多，就會更累一點！哈！）

【習題】

雞兔同籠，共 23 頭，64 隻腳。求：雞兔各幾隻。

【習題】

某人旅遊<u>斐國</u>，回國後發現<u>斐幣</u> 2 元與<u>斐幣</u> 5 元共 27 枚，總幣值為斐幣 90 元。求：兩種斐幣各幾枚。

0.2 座標方格紙上的圖解法

你的資源比<u>森重文</u>更多：有座標方格紙可用！

下面的圖甲，橫軸上呈現的是<u>龜有幾隻</u>，縱軸上呈現的是鶴有幾隻。例如說：有三個小圈圈，一個在(35, 25)處，表示《龜 35 隻，鶴有 25 隻》。一個在(14, 40)處，正確的答案在(27, 20)處。

橫向的右或左移一步表示龜增或減一隻；縱向的上或下移一步，則是鶴增或減一隻。沿著圖中的斜線《左上端 = （龜 0 鶴 47），右下端 = （龜 47 鶴 0）》，《龜鶴的總頭數維持為 47》，但是總共的腳數，則有兩隻的出入！由此從一端出發，容易得到《總腳數 = 148》是《龜 27 隻，鶴 20 隻》。

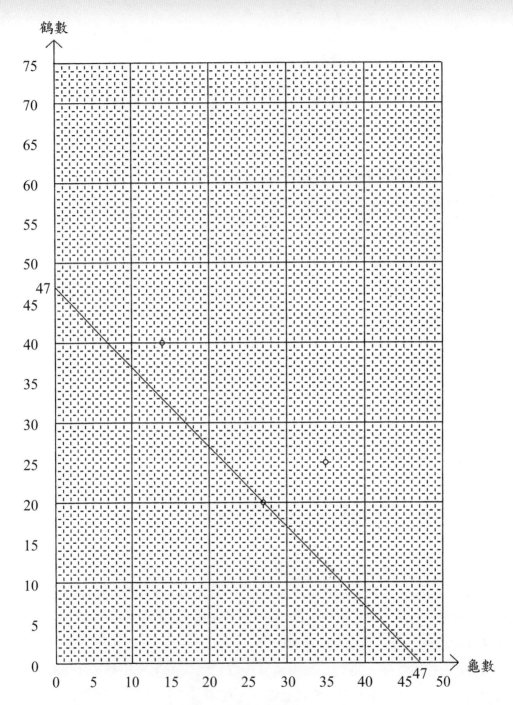

圖甲：龜與鶴總數＝47

　　下面的圖乙，也有一條斜線。著眼點是總共 148 隻腳不變！乙上的出發點是《左上端，龜 0 隻，鶴 74 隻》。由此往右下是以一龜去替換兩鶴。乙下的出發點則是《右下端，龜 37 隻，鶴 0 隻》。逆向替換。

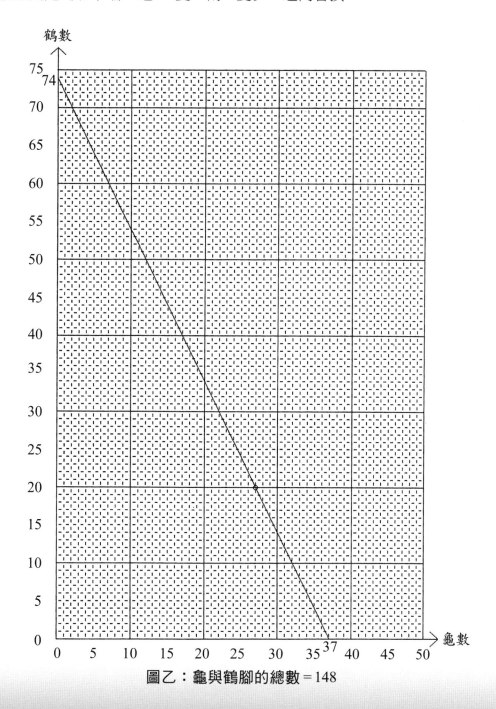

圖乙：龜與鶴腳的總數 = 148

下面的圖丙，是更美妙的辦法！乾脆把甲圖、乙圖的斜線都同時呈現在同一張座標方格紙上。因為甲線表示總頭數 47，而乙線表示總腳數為 148，於是兩條線的交點《龜 27 隻，鶴 20 隻》就同時滿足了這兩個要求！

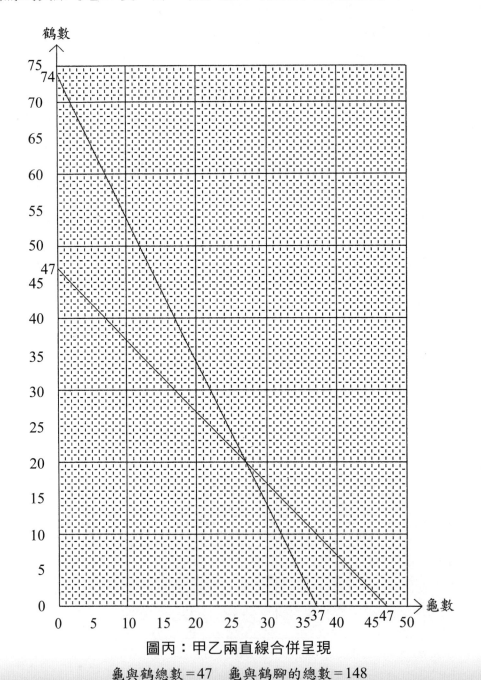

圖丙：甲乙兩直線合併呈現

龜與鶴總數＝47　龜與鶴腳的總數＝148

代數的解法

【設置未知數】

假設：池中有龜 x 隻，有鶴 y 隻。於是：

$$(1): x+y=47;$$

$$(2): 4*x+2*y=148。$$

當然這兩個式子只是把頭數與腳數的計算語句翻譯成代數的式子。

最先該學的代數是一件非常微不足道的小事！這是關於記號的規定。我們將把 $4*x$ 寫成 $4x$，把 $2*y$ 寫成 $2y$。x, y 都是未定元，或者變數，或者未知數，它們前面的數，如 4 或 2，叫做係數，於是把係數與未定元之間的乘號省略掉了！這是非常方便的一件事！

為什麼說這是很方便的規定呢？因為這一來：

$$3x+4x=7x；4y-2y=2y。$$

你簡直可以不假思索就寫出了！而這將是隨時隨地都會用到的！

「代數」！如果用 x 代表一個橘子的價格，那麼，「買 3 個橘子的錢」，加上「買 4 個橘子的錢」，當然[2]就是「買 7 個橘子的錢」。

當然這種計算的背後就是加法對乘法的分配律：

$$(3+4)*x=(3*x)+(4*x)；以及(4-2)*y=(4*y)-(2*y)。$$

於是開始對這兩個式子做運算。

♠首先，「將(1)式乘以 4」，或者說是「用 4 去乘(1)式」吧，

$$(3) := [4*(1)]: 4*(x+y)=4*47。$$

這裡要用到加法對乘法的分配律，也就是：

$$4*(x+y)=(4*x)+(4*y)=4x+4y；$$

這樣的計算太常見了，太熟練了，所以呢，就省略掉不寫，直接就寫：

$$(3) := [4*(1)]: 4x+4y=188。$$

---

[2] 笑一下！數學沒有用！因為沒有考慮折扣！

♡其次，將(3)式減去(2)式，

$$(4) := [(3)-(2)]: [4x+4y] - [4x+2y] = 188-148 \text{。}$$

這裡的左側要用到：

《由甲減去（乙加丙）》=《先由甲減去乙，再減去丙》（而：甲 $= 4x+4y$ ；乙 $= 4x$ ；丙 $= 2y$），

所以，左側就成為：

$$[4x+4y] - 4x - 2y \text{；}$$

我們知道：這裡的括號是可以去掉的！（這叫做可締律）這就變成了：

$$4x+4y-4x-2y \text{；}$$

我們又知道：（加法可換律）$4x+4y=4y+4x$，這(4)式的左側又變成了：

$$4y+4x-4x-2y \text{；}$$

這裡是：甲＋乙－丙－丁。可締律讓我們可以寫成

$$甲＋（乙－丙）－丁 \text{；}$$

而且乙 $= 4x =$ 丙；（乙－丙）$= 0$；因此又可以寫成

$$甲＋0－丁＝甲－丁＝4y-2y \text{；}$$

再用到乘法的分配律，結果就是 $2y$。

當你很熟練的時候，你可以省略掉細節！那麼就直接寫成：

$$(4) := [(3)-(2)]: [4x+4y] - [4x+2y] = \underline{4y-2y} = \underline{2y} = 188-148 = \underline{40} \text{。}$$

畫底線的地方才是我們的「主旨」。沒有畫底線的地方就「視如不見」！

也就是說：

$$(4): 2y=40 \text{。}$$

因為乘法的反算是除法，你就算出來：

$$(5): y=40 \div 2=20 \text{。}$$

將(5)式代入(1)式，於是得到：

$$x+20=47 \text{；}$$

因為加法的反算是減法，你就算出來：

$$x=47-20=27 \text{。}$$

【移項】

以上我們提到了兩個「反算」的例子，代數學中，把這種「反算」叫做移項。

我們拿兩個東西 A 與 B 來做四則運算。不論是加減乘或除，運算都是放置在中間，於是，寫 $A \div B$ 時，寫在除號之前件（＝左）的 A 叫做<u>被除數</u>，寫在除號之後（＝右）的 B 叫做<u>除數</u>。而運算的結果叫做<u>商數</u>，現在記為 C。

把運算式與商式分別放在等號的兩側，於是，這個除法的等式，可以有兩種寫法：

$$\langle\!\langle A \div B = C \rangle\!\rangle，或者 \langle\!\langle C = A \div B \rangle\!\rangle。$$

移項之後就成為乘法的等式：

$$\langle\!\langle A = C * B \rangle\!\rangle，或者 \langle\!\langle C * B = A \rangle\!\rangle。$$

這式子叫做原來的（除法的）等式之<u>移項</u>。

所以，對於除法的等式，<u>移項</u>就是：把「除數」B 移到另一側，變成了「乘數」，原先除法的等式變成乘法的等式。

其他的運算的等式，也都可以按此要領來移項！

（原來的運算等式）	（移項後的等式）
$\langle\!\langle A + B = C \rangle\!\rangle，$	$\langle\!\langle A = C - B \rangle\!\rangle；$
$\langle\!\langle A - B = C \rangle\!\rangle，$	$\langle\!\langle A = C + B \rangle\!\rangle；$
$\langle\!\langle A * B = C \rangle\!\rangle，$	$\langle\!\langle A = C \div B \rangle\!\rangle；$
$\langle\!\langle A \div B = C \rangle\!\rangle，$	$\langle\!\langle A = C * B \rangle\!\rangle；$
$\langle\!\langle C = A + B \rangle\!\rangle，$	$\langle\!\langle C - B = A \rangle\!\rangle；$
$\langle\!\langle C = A - B \rangle\!\rangle，$	$\langle\!\langle C + B = A \rangle\!\rangle；$
$\langle\!\langle C = A * B \rangle\!\rangle，$	$\langle\!\langle C \div B = A \rangle\!\rangle；$
$\langle\!\langle C = A \div B \rangle\!\rangle，$	$\langle\!\langle C * B = A \rangle\!\rangle；$

【練習】

請把下列等式中底下畫線的東西移項到另一側！

$$(i)：3*1.44 = x + \underline{0.72}；$$
$$(ii)：t_2 - \underline{t_1} = 0.96；$$
$$(iii)：綠 = 黃 * \underline{藍}；$$
$$(iv)：x - 1 = 1 \div \underline{x}；$$

【解答】

$$(i)：3*1.44 - 0.72 = x；$$
$$(ii)：t_2 = 0.96 + t_1；$$
$$(iii)：綠 \div 藍 = 黃；$$
$$(iv)：(x - 1)*x = 1；$$

注意到：(iii)不算難！因為你就是要學「代數」！「綠」、「藍」、「黃」都是代表了某個數；反倒是：(iv)比較難！因為你就是要把原來的等式左側看成<u>單獨的一個東西</u>，它就是移項後的「被乘數」，所以必須要用括弧括起來。

0.4 數的運算公理

以上的解說很囉哩囉嗦，但是只要你稍微練習一下，就會變得非常容易了！

整個要點是：我們對於數的四則運算，非常熟悉，以至於忘掉了這些計算的背後是有一些基本的「定律」。我們馬上就來複習這些定律[3]，然後呢：「代數」＝用文字記號[4]來代替（代表）「數」。

所以對於「數」可以適用的定律，對於這些「用來代表數的東西」仍然適用。

---

[3] 這些「定律」，也可以叫做公理，或者基本恆等式。

[4] 它們有種種稱呼：未知數＝unknown，變數＝variable，未定數＝indeterminate，待定數。

【可締律】

這是對於加法與乘法都適用的：

$$(i)：(A+B)+C=A+(B+C)；$$

$$(ii)：(A*B)*C=A*(B*C)。$$

涵義是：在(i)，不論是左側或右側，遇到這種只出現了加法運算（再也沒有別的運算出現）的狀況，那麼括號可以省掉！

同樣地：在(ii)，不論是左側或右側，遇到這種只出現了乘法運算（再也沒有別的運算出現）的狀況，那麼括號可以省掉！

【可換律】

這也是對於加法與乘法都適用的：

$$A+B=B+A；A*B=B*A。$$

【關於加法的可締可換律】

如果在 7 個數之間出現了 6 個運算，這 6 個運算就只有加法，那麼所有出現的括號，全部可以省略掉不寫，而且這 7 個數，可以互相調換位置。

【關於乘法的可締可換律】

如果在 7 個數之間出現了 6 個運算，這 6 個運算就只有乘法，那麼所有出現的括號，全部可以省略掉不寫，而且這 7 個數，可以互相調換位置。

當然這裡寫的 7 與 6，只是舉例的意思。

【關於加減法的可締可換律】

如果在 7 個數之間出現了 6 個運算，這 6 個運算就只有加法與減法，而且沒有括號出現。例如說：

$$A-B-C+D-E+F-G，$$

那麼：我們可以把前面寫了減號的數，全部搬到後面去。例如說：

$$A-B-C+D-E+F-G=A+D+F-B-C-E-G，$$

後面一區是減號區，前面一區是加號區，而在這兩個區內部的順序可以任

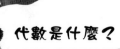
意地對調！事實上，我們可以把減號區內的東西，先把減號改為加號，加總之後括弧起來，其前給以減號，例如說：

$$A-B-C+D-E+F-G=A+D+F-(B+C+E+G)=(A+D+F)-(B+C+E+G)。$$

【一種加減法可締可換律的解釋】

一條道路上，「由甲地出發，走了路程 A，到達乙地，倒轉頭來，走了路程 B，到達丙地，於是再度倒轉頭走了路程 C，到達終點丁地」。就等於「由甲地出發，走了路程 $A+C$，到達戊地，再倒轉頭來，走了路程 B 的終點丁處」。而且也是：「由甲地出發，走了路程 A，到達乙地，倒轉頭來，走了路程 $B-C$ 的終點」：

$$A-B+C=A+C-B=A-(B-C)。$$

$$甲乙=A；乙丙=B=丁戊；丙丁=C=乙戊；丁乙=B-C。$$

【關於乘除法的可締可換律】

如果在 7 個數之間出現了 6 個運算，這 6 個運算就只有加法與減法，而且沒有括號出現。例如說：

$$A \div B \div C * D \div E * F \div G，$$

那麼，我們可以把前面寫了減號的數，全部搬到後面去。例如說：

$$A \div B \div C * D \div E * F \div G=A * D * F \div B \div C \div E \div G，$$

後面一區是除號區，前面一區是乘號區，而在這兩個區內部的順序可以任意地對調！事實上我們可以把除號區內的東西，先把除號改為乘號，乘總之後括弧起來，其前給以除號，例如說：

$$A \div B \div C * D \div E * F \div G=A * D * F \div (B * C * E * G)$$
$$=(A * D * F) \div (B * C * E * G)。$$

【先乘除後加減】

如果有不只兩個數做運算，而這些（不只一個）運算有加法（或減法），又有乘法（或除法），又沒有括號，那麼：<u>照公定</u>，就必須先做乘除法，然後才進行加減法。例如：

$$11 - 3*3 = 11 - 9 = 2 ; 5 - 12 \div 4 = 5 - 3 = 2 。$$

【乘法對於加法的分配律】

這是指：

$$A*(B+C) = A*B + A*C ;$$
$$(B+C)*A = B*A + C*A ;$$

當然也有：

$$A*(B-C) = A*B - A*C ;$$
$$(B-C)*A = B*A - C*A ;$$

【係數相加】

分配律是最常被用到的一個定律。我們幾乎從頭就講過：

$$3.2x + 4.6x = 7.8x ， 57y - 32y = 20y 。$$

只要把（相同不定元的）係數相加減就好了！

【除法分配律？】

但是除法與加減法的關係就要小心了！

我們學代數學的時候，比較常常用<u>分數線</u>來代替<u>除法記號</u>，

$$於是有：\frac{B+C}{A} = \frac{B}{A} + \frac{C}{A} ;$$
$$但是：\frac{A}{B+C} \neq \frac{A}{B} + \frac{A}{C} 。$$

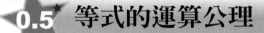

0.5 等式的運算公理

上面複習了數與數之間的運算的性質，從算術進步到代數，只是讓「數」可以用「未定數」代替，而一切定律仍然成立！

現在要說的是：怎麼樣來做「等式」與「等式」之間的操作！

【等號的對稱律】

首先，我們知道：任何一個等式都可以左右交換：如果有個等式《$A=B$》，當然就有等式《$B=A$》。

【兩個等式的運算律】

其次，如果我們有兩個等式：

$$《A=B》 ，以及《C=D》 ，$$

那麼，拿這兩個等式的左側來做四則運算，就等於拿這兩個等式的右側來做四則運算，也就是說，你可以得到以下這四個等式：

$$《A+C=B+D》 ；$$
$$《A-C=B-D》 ；$$
$$《A*C=B*D》 ；$$
$$《A÷C=B÷D》 ；$$

【回顧森重文的那一題龜鶴算】

這是「有兩個未知數 x,y 兩個方程式」的問題。

兩個方程式就是下述的(1)、(2)。解答就是(5)、(6)。

$$(1)： \quad x+ \ y=47 ；$$
$$(2)： \quad 4x+2y=148 。$$

$$(3) := [4*(1)]： \quad 4x+4y=188 ；$$
$$(4) := [(3)-(2)]： \quad 2y=188-148=40 ；$$
$$(5) := [(4)÷2]： \quad y=20 ；$$
$$(6) := [(1)-(5)]： \quad x=27 。$$

0.6 兩個例題

下述兩個例子，你可以先自己試著解決。

我們也先給出純粹算術的解法，然後給出代數的解法。

【芬芳】

張芬住在 A 地，張芳住在 D 地，相距不到十公里，開車（沿著圖中的圓弧段 ARD），只要幾分鐘。

這對孿生兄弟，約好了某個禮拜天上午，來個「先健行，後聚餐」。

張芬由 A 下坡到 B，平路走到 C，再上坡走到 D；於是駛張芳的車子，到車路半程 R 處的芬芳小吃店，張芳由 D 下坡到 C，平路走到 B，再上坡走到 A；於是駛張芬的車子，到車路半程 R 處的芬芳小吃店，兩人一起午餐後，再各自開車回家。

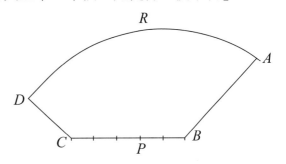

下坡（A 到 B，D 到 C）路段速度每小時 4 公里；上坡（C 到 D，B 到 A）路段速度每小時 2 公里；平路 BC 間，速度每小時 3 公里；兩個人準時於 9 點正開始走。因為 AB 這段路比 DC 段長，所以，當芬芳兄弟在平路 BC 間的 P 點交會（並且交換了汽車的鑰匙）時，P 點是比較靠近 B 點的。事實上，已知 $\overline{CP}:\overline{PB}=3:2$。張芬到達 D 處，是在 12 點正，張芳到達 A 處，則是晚了 15 分鐘。（哥哥先到小吃店，就先點菜，不在話下。）請問：三段 $\overline{AB}$、$\overline{BC}$、$\overline{CD}$ 的路程，各是多少？

【春秋】

萬春與萬秋兩位兄弟，遵照醫師的指示，每天早上走路健身。他們分別住在大道上村落的兩端甲與乙，都是由自己家走到弟兄家，再返頭回家。

醫師說：我要知道你們兄弟的運動量夠不夠，必須知道你們走路的速度，

以及走路的里程（也就是兩地距離的兩倍）。

　　某日，兩人用手機聯繫好之後，同時出門，於途中的丙地第一次交會，然後兩人回程中第二度相遇於丁地。

　　回家之後，向醫師報告，萬春說：第一次交會的地點丙，與他家甲地相距 1.44 公里；兩人都說：從第一次交會到第二度相遇，經過 0.96 小時；萬秋又說：第二次交會的地點丁，與他家乙地相距 0.72 公里。

　　請問你這個醫師：甲乙兩地距離（兩兄弟走路的里程之半）如何？兩人的速度各是如何？

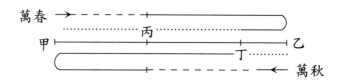

0.6.1 例題：芳芳

【算術的解法】

　　（注意：圖只是示意！）

　　因為 AB 這段比 DC 段來得長，我們就想像：截取前者的一段 SB，使它與後者等長！（畫圈！）

　　兩人的健行，都是分成三段：第一段下坡，第二段平坡，第三段上坡，就第二段（平坡）路來說，

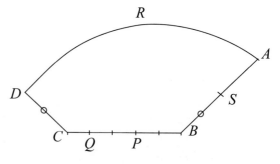

路段等長，所花費的時間也相同；就第一段（下坡）路來說，張芬吃虧，要多走一段路，多花一些時間！就第三段（上坡）路來說，張芳吃虧，要多走一段路，多花一些時間！

　　「吃虧」指兩種：一種是指多走的路程，一種是指多花的時間！

　　先考慮前者：第一段張芬吃虧的路程長度，就等於第三段張芳吃虧的路程

長度，都同樣是 $\overline{SA}$。淨算起來兩不吃虧。

再考慮後者：因為上坡速度只有下坡速度的一半！所以，在第三段張芳吃虧的時間遲滯，將是第一段張芬吃虧的時間遲滯之兩倍！

結論是：張芳要比張芬淨晚了 15 分鐘，這就是張芬走這段長度 $\overline{AS}$ 下坡路的時間。（而張芳走同樣長度 $\overline{SA}$ 上坡路的時間要 30 分鐘。）

所以：$\overline{AS} = 4 * \dfrac{15}{60} = 1$（公里）。

於是，在張芬走完下坡路段到達 B 點之前 15 分鐘，張芳已經走完下坡路段到達 C 點，而在接下來的 15 分鐘，他走平坡路到達 Q 點，這段路程長度是 $3 * \dfrac{15}{60} = 0.75$ 公里。恰當此時，張芬也到達 B 點。

因此，交會點 P 一定是 QB 的中點。

因為：$\overline{BP} = \overline{PQ} = \dfrac{2}{3} * \overline{CP}$，由圖馬上看出：

$$\overline{CB} = 5 * \overline{CQ} = 3.75 \text{（公里）} \text{。}$$

這第二段（平坡）路，所花費的時間為 $\dfrac{3.75}{3} = 1.25$ 小時；於是，就張芬來說，他的時間 $3 = 12 - 9$ 小時，用到第二段（平坡）路以及第一段（下坡）路的從 A 到 S 這段，剩下：

$$3 - (1.25 + 0.25) = 1.5 \text{（小時）} \text{。}$$

這是同樣的路程 $\overline{SB} = \overline{CD}$，一下坡，一上坡，所花的時間總和。

但是：上坡速度是下坡速度的一半，所以：上坡所花的時間是下坡所花的時間之兩倍。總和 $= 1.5$（小時），因而兩者分別是 1 與 0.5（小時）。也就是說：$\overline{CD} = 2$（公里）。

答：$\overline{AB} = 3$，$\overline{BC} = 3.75$，$\overline{CD} = 2$（公里）。

【代數的解法】

張芬、張芳兄弟的三段路程。

● 設：$x := \overline{AB}$，$y := \overline{BC}$，$z := \overline{CD}$。於是考慮：

兩兄弟各自的健行時間，以及到達交會點 P 處的時間：

$$\text{(i)} : \frac{x}{4} + \frac{y}{3} + \frac{z}{2} = 3 \text{；}$$

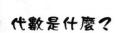

$$(ii): \frac{x}{2} + \frac{y}{3} + \frac{z}{4} = 3.25 \text{ ;}$$

$$(iii): \frac{x}{4} + \frac{\frac{2}{3+2}*y}{3} = \frac{z}{4} + \frac{\frac{3}{3+2}*y}{3} \text{ ;}$$

● 將各個變數的係數寫清楚！整理成：

$$(i'): \frac{1}{4}*x + \frac{1}{3}*y + \frac{1}{2}*z = 3 \text{ ;}$$

$$(ii'): \frac{1}{2}*x + \frac{1}{3}*y + \frac{1}{4}*z = 3.25 \text{ ;}$$

$$(iii'): \frac{1}{4}*x + \frac{2}{15}*y = \frac{1}{4}*z + \frac{3}{15}*y \text{ ;}$$

【註1】為何係數之後多了個乘號？「乘號本來是可有可無的」，但是係數是分數時，有乘號大概會更清楚！順便說一句：做代數時最好不要使用「帶分數」的寫法！

【註2】為何在(iii')中，寫 $\frac{3}{15}*y$，而不是寫 $\frac{1}{5}*y$？因為：左側已經寫過 $\frac{2}{15}*y$，分母的15已經出現過了，那麼現在不要把 $\frac{3}{15}$ 約分為 $\frac{1}{5}$。事實上，等一下就出現了

$$\frac{1}{5} - \frac{2}{15} = \frac{3}{15} - \frac{2}{15} = \frac{3-2}{15} = \frac{1}{15} \text{ 。}$$

「約分再通分」，唯一的目的就是「增加（製造）算錯[5]的機會」！

● 我們把含有 y 的項移到右側，含有 z 的項移到左側，

$$(iv): \frac{1}{4}*x - \frac{1}{4}*z = \frac{3}{15}*y - \frac{2}{15}*y = \frac{1}{15}*y \text{ ;}$$

【註3】這是要做移項的操作做兩次！首先是：

$$\frac{1}{4}x = \frac{1}{4}z + \frac{3}{15}y - \frac{2}{15}y = \frac{1}{4}z + \frac{1}{15}y = \frac{1}{15}y + \frac{1}{4}z \text{ ;}$$

其次才會是變成(iv)的移項，這需要練習！

$$(iv'): \frac{1}{4}*(x-z) = \frac{1}{15}y \text{ ;}$$

● 本來嘛：在觀察方程式(i)與(ii)的時候，你應該注意到：那個含有未知數 y 的項，是完全一樣的！所以這兩個方程式(ii)與(i)相減，就剩下只含有未知數 x , z 不含有未知數 y 的方程式！通常未知數越少越好對付！

---

[5] 你慢慢累積經驗，就知道：某些時候，不需要約分！

$$(v) := [(ii) - (i)] : \frac{1}{4} * (x - z) = 0.25 ;$$

【註4】這裡，方程式(ii')與(i')的相減，左側可以利用加減法的可締可換律，變成：

$$\left[\frac{1}{2} * x + \frac{1}{3} * y + \frac{1}{4} * z \right] - \left[\frac{1}{4} * x + \frac{1}{3} * y + \frac{1}{2} * z \right]$$

$$= \left[\frac{1}{2} * x + \frac{1}{4} * z \right] - \left[\frac{1}{4} * x + \frac{1}{2} * z \right] = \frac{1}{4} * x - \frac{1}{4} * z = \frac{1}{4} * (x - z) 。$$

$$(vi) := [(v) * 4] : x - z = 1 。$$

代入(iv')，得到：$\frac{1}{4} = \frac{1}{15} * y$；移項，

得到：

$$y = \frac{15}{4} = 3.75 ;$$

再將之代入(i')(ii')，分別得到：

$$(i'') : \frac{1}{4} * x + 1.25 + \frac{1}{2} * z = 3 ;$$

$$(ii'') : \frac{1}{2} * x + 1.25 + \frac{1}{4} * z = 3.25 ;$$

$$（相加）\frac{3}{4} * (x + z) + 2.5 = 6.25 ;$$

$$（移項）(vii) : \frac{3}{4} * (x + z) = 3.75 ;$$

$$(viii) := \left[(vi) * \frac{4}{3} \right] : (x + z) = 5 ;$$

那麼(viii)與(vi)是和差問題！得到

$$x = 3，z = 2；y = 3.75 。$$

0.6.2 例題：春秋

【算術的解法】

　　兩兄弟的路程都分成三段，前段是自出發到第一次相遇（圖中的斷續線段），中段是自第一次相遇到第二次相遇（圖中的轉折實線段），末段是回到出發點（圖中的點線段）。

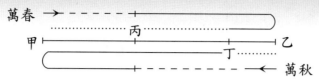

I 如上圖，在前段，萬春已經自甲走到丙（圖上方斷續線段），而萬秋已經自乙走到丙（圖下方斷續線段），兩人總共的路程就是甲乙兩地的距離。

II 在中段（圖的轉折實線段），萬春已經自甲走到乙，再回頭走到丁，而萬秋已經自乙走到丙，再回頭走到丁，兩人（在前段與中段）總共的路程，就是甲乙兩地的距離的 3 倍！

III 因此：從出發到第二次相遇為止，（前段與中段合計）所費的時間就是前段時間的 3 倍。

於是，中段（從第一次交會到第二度相遇）所經過的 0.96 小時，就是前段（從出發到初次相遇）所費時間的 $(3-1)=2$ 倍；也就是說：

III_A 前段所費的時間是 0.48 小時。

III_B 中段所費的時間是 $0.48*3=1.44$ 小時。

IV 那麼，由前段（自甲走到丙），看出萬春的速度是：

$$\frac{1.44}{0.48}=3公里每小時。$$

V 而萬春前段與中段合計的里程是：

$$1.44*3=4.32 公里$$

所以，扣掉從乙到丁的這段距離 0.72（公里），就是：「從甲到乙的距離」$=4.32-0.72=3.6$ 公里；

VI 在前段，萬秋自乙走到丙，距離是 $3.6-1.44=2.16$ 公里；因此萬秋的速度是：

$$\frac{2.16}{0.48}=4.5公里每小時。$$

【代數的解法】

「代數」的意思就是：「用拉丁字母代替（＝代表）數」。也許你早就聽說過：「用 x 代表未知數，就是代數！」

題目問了三件事：

(i)：「甲乙兩地的距離」，我們就用 x 代表它；

(ii)：「萬春的速度」，我們就用 u 代表它；

(iii)：「萬秋的速度」，我們就用 v 代表它。

要用什麼拉丁字母來代表什麼東西，完全是你的自由！不過你盡量「不要給自己找麻煩」就是了。以後你就知道：有些東西，有些事情，是「有慣例的」。我是因為：速度＝velocity，所以打算用頭一個小寫字母 v。但是題目出現了兩個（兄與弟的）速度，一「芬」一「芳」，那麼就用一 u 一 v。而且當然是照這個順序，不可以搞錯。你如果寫：「用 x 代表萬秋的速度」，那完全是你的自由！只是：你累積了經驗以後，就知道這樣子會對你不利！

哈！「從出發到第一度相遇，所經過的時間」，這也是未知數！那麼就用 t_1 來代表它吧！

「從出發到到第二度相遇，所經過的時間」，也是未知數！那麼就用 t_2 來代表它吧！

當然，t＝time「時間、時刻」。因為有第一度與第二度的相遇，我們就用足碼的 1、2，來分辨。當然你也可以分別用兩個字母的 ta 與 tb 來代表，那完全是你的自由！

這兩個未知數，題目沒有問，你仍然可以自己設置這樣的未知數！這兩個未知數與前三個未知數有何區別？有個小小的區別：x、u、v，是你必須解出來的！但是，t_1、t_2 只是你為了方便而引入的，意思是：在你要解出未知數 x、u、v 的過程當中，諒必需要算出 t_1、t_2，如果你真正工作之後發現沒有這個需要，那麼你不必解出來！

【翻譯成代數的語句】

既然「從出發到到第一度相遇，所經過的時間」是 t_1，而「萬春的速度」是 u，那麼這段時間內他走的路程，（由甲到丙）就是：$u*t_1$，所以我們得到的第一句話[6]就是：

6　把 1 寫在括號中，再用冒號，是把這句話（方程式）編號，方便於討論！

$$(1)：u*t_1 = 1.44$$

同樣的道理，這段時間內，萬秋走的路程，（由乙到丙）就是：$v*t_1$，那麼加上由甲到丙的路程，就是「甲乙兩地的距離」x，於是得到了第二句話：

$$(2)：u*t_1 + v*t_1 = x。$$

第三句話是：

$$(3)：t_2 - t_1 = 0.96；$$

第四句話是說：到第二度相遇時，UD 萬秋的路程恰好是由乙地到甲地，回轉到丁處，尚缺 0.72 公里才回到乙地：

$$(4)：v*t_2 = x + (x - 0.72)；$$

但是，同樣的這段時間內，萬春走的路程，就是：由甲到乙再由乙到丁，於是得到了第五句話：

$$(5)：u*t_2 = x + 0.72。$$

【代數的註解】

當然這裡的(2)式，就是前述（算術）的 I。

對代數熟悉的話，直接把(2)式寫成：

$$(2)：(u+v)*t_1 = x。$$

同樣地，直接把(4)式寫成：

$$(4)：u*t_2 = 2x - 0.72；$$

代數上，把(4)、(5)兩式相加：

$$(4)+(5) := (6)：(u+v)*t_2 = 3x。$$

當然這就是前述（算術）的 II。

那麼，代數上，把(6)式用(2)式除：

$$(6) \div (2) := t_2 \div t_1 = 3；$$

當然這就是前述（算術）的 III。如果你對代數熟悉的話，可以直接寫成：

$$(7)：t_2 = 3*t_1。$$

代入(3)式，就得到（前述算術的 III）：

$$3t_1 - t_1 = 2*t_1 = 0.96；$$

因此算出（前述算術的 III_A）。

$$(8)：t_1 = 0.48；$$

再代回去(7)式，算出（前述算術的 III_B）。

$$(9)：t_2 = 3 * t_1 = 1.44。$$

那麼，代數上，把(1)式用(8)式除：

$$(10)：u = 3。$$

當然這就是前述（算術）的 IV。

再把(9)式與(10)式代入(5)式，

$$(11)：3 * 1.44 = x + 0.72；$$

馬上得到：

$$(12)：x = 3.6。$$

當然這就是前述（算術）的 V。

題目所求的三個未知數，已經有了(10)式的 u 與(12)式的 x，只剩下 v。我們只要找含有 v 的式子，例如(4)式，用已經解出來的東西 t_2、x，代入就好了：

$$(13)：v * 1.44 = 6.48；$$

$$(14)：v = \frac{6.48}{1.44} = 4.5；$$

【反算就是移項】

假設你不懂代數是什麼，你也懂得：怎麼樣從(13)式得到(14)式！

這是因為算術中，我們已經學過「乘法的反算就是除法」。

事實上，由(11)式，得到(12)式的理由是：「加法的反算就是減法」。

這裡提到的兩個「反算」，代數學中，就叫做移項。

ANSWERS

習題解答

§1.2【習題】　(1) 3177486；(2) 11970775908；(3) 3754；(4) 592277200

§1.3【習題】　(1) 260；(2) 20

§1.4【習題】　(1)$\dfrac{17}{57}$；(2)$\dfrac{393}{11}$；(3)$\dfrac{5557}{1988}$；(4)$\dfrac{261}{1404}$；(5)$\dfrac{39}{350}$

§1.6【習題 1】　(1)$\dfrac{80}{9}$；(2)$\dfrac{144}{5}$；(3)$\dfrac{80}{9}$；(4)$\dfrac{144}{5}$

【習題 2】

(1)我建議，此時就寫一句:「以萬元為單位」，再進行計算！

工酬部分：甲：$20*0.15=3$；乙：$20*0.1=2$

投資總額$=240+180+80=500$

而扣去工酬部分，剩共 $20-(2+3)=15$

故甲：$15*\dfrac{240}{500}=7.2$；乙：$15*\dfrac{180}{500}=5.4$；丙：$15*\dfrac{80}{500}=2.4$

總之：甲得 $3+7.2=10.2$，乙得 $2+5.4=7.4$，丙得 2.4

(2) $100*10000*20\%+(90-85)*10000=250000$；

(3)令「滿池水量」$=1$，則兩管的流率之和$=\dfrac{1}{200}$（每秒）

甲的流率$=\dfrac{1}{360}$（每秒）

乙的流率$=\dfrac{1}{200}-\dfrac{1}{360}=\dfrac{1}{450}$（每秒）

答：須時 450 秒

(4)甲的流率 $= \dfrac{1}{2*60+45} = \dfrac{1}{165}$（每分）

乙的流率 $= \dfrac{1}{120}$；丙的流率 $= \dfrac{1}{60+50} = \dfrac{1}{110}$

總流率 $= \dfrac{1}{165} + \dfrac{1}{120} - \dfrac{1}{110} = \dfrac{7}{1320}$；故須時 $\dfrac{1320}{7} \approx 188.57$（分）

(5)剩餘的工程量為 $30*8*(38-20) = 4320$（人時）

結果在 $38-20-3 = 15$ 天內完成，每天的工作量是：

$4320 \div 15 = 288$（人時）；工人要 $288 \div 9 = 32$ 人

須加雇 $32 - (30-8) = 10$ 人

(6)四次之成績記為 x_1, x_2, x_3, x_4，則：

$x_1 + x_2 + x_3 = 3*85 = 255$；$x_2 + x_3 + x_4 = 3*87 = 261$；$x_1 + x_4 = 2*90 = 180$

全部加起來是：$2*(x_1+x_2+x_3+x_4) = 255 + 261 + 180 = 696$

總平均為 $\dfrac{1}{4}(x_1+x_2+x_3+x_4) = \dfrac{696}{8} = 87$

§1.8【習題 2】　(1) $6+0+0+0-22+0-4-7$　　　(2) $-3+6-5+6+6+6$

(3) $9+0+0+0+0+0+0+0+0-1$　(4) $\dfrac{23}{5} + \dfrac{84}{31} + \dfrac{22}{13} + 0$

【習題 3】　(1) $6x^5 - 2x^4 - 5x^3 + 3x^2 - 14x + 4$　(2) $13x^7 - 5x^3 - 4x^2 + 2x + 6$

(3) $7x^5 - 8x^4 - 9x^3 + 10x^2 + 9x - 6$

2
CHAPTER

§2.1【習題 1】　(1)$x = 4$；(2)$x = 5$

【習題 2】　(1)$x = 13$；(2)$x = 1$；(3)$x = 11$

【習題 3】　(1)$x = 13$；(2)$x = 1$；(3)$x = 3$；(4)$x = 5$；(5)$x = 4$

【習題 4】　(1)$x = \dfrac{-1}{2}$；(2)$x = \dfrac{-7}{6}$

【習題 5】　$(1)x=\dfrac{8}{11}$；$(2)x=5$；$(3)x=2$；$(4)x=\dfrac{5}{2}$；$(5)x=8$；

　　　　　　$(6)x=-2$；$(7)x=\dfrac{1}{5}$；$(8)x=5$；$(9)x=-2$；$(10)x=1$

【習題 6】　$(1)x=2$；$(2)x=\dfrac{-4}{7}$；$(3)x=-45$；$(4)x=10$；$(5)x=\dfrac{129}{58}$

§2.2【習題】

(1) $320-15x=180+5x$；$x=7$ 日

(2) $43+x=4*(4+x)$；$x=9$ 年

(3) $4(500-x)=280+x$；$x=344$ 元

(4) $5x+120=3*(x+158)$；$x=177$ 元

(5) $493+x=493*\dfrac{1.15}{1-0.18}$；$x=198.40$ 萬元

(6) $10(x-120)=x*5.5+1500$；$x=600$ 支

(7) $960=(x\div1.15)*(1-0.2)$；$x=1380$ 元

(8) $0.9*x=180*(1+0.1)$；$x=220$ 元

(9)$(1+0.3)x*0.8=x+100$；$x=2500$ 元

(10)記總獲利$=x$（萬元），而總投資 $150+250+300=700$，則：

　　$\left(\dfrac{1}{10}+\dfrac{9}{10}*\dfrac{150}{700}\right)x=73.8$；$x=252$

　　乙得 $252*\dfrac{250}{700}=90$；丙得 $252*\dfrac{300}{700}=108$

(11)原價$=\dfrac{1200}{1.04}$，故應訂售價 $\dfrac{1200}{1.04}*1.17=1350$ 元每公斤

(12)$x*(0.15+0.25+0.2)+75=x$；$x=187.5$

(13) $3*甲=4*(127-甲)-39$；甲$=67$；乙$=60$

(14)設雞數$=x$，$2x-4(25-x)=70$，$x=15$；$25-15=10$

(15)設大包數$=x$，$12*x+5*(18-x)=160$，$x=10$；$18-x=8$

(16)設拾元幣數$=x$，$10x+5(17-x)=145$；$x=12$；$17-12=5$

§2.3【習題】

(1)$x=2, y=2$　　(2)$x=2, y=-2$　　(3)$x=\dfrac{1}{3}, y=\dfrac{1}{2}$

(4)$x=\dfrac{26}{93}, y=\dfrac{-11}{155}$　　(5)$x=\dfrac{28}{5}, y=\dfrac{6}{5}$　　(6)$x=1, y=-2$

(7)$x=2, y=3$　　(8)$x=4, y=2$　　(9)$x=\dfrac{6}{5}, y=\dfrac{7}{5}$

(10)$x=\dfrac{35}{37}, y=\dfrac{57}{37}$　　(11)也許較清爽的方式是乘以 4：　　(12)$x=0, y=-3$

$$5x-3y=4, x+5y=68；$$

$$x=8, y=12$$

§2.5【習題2】　　當然這是例 2 推廣！全部相加：$3(x+y+z+u)=114$；

$$x=43, y=-17, z=21, u=-9$$

【習題3】　　(1)當然這是例 2 的類推！不是推廣！以乘代加！

全部相乘：$(x*y*z)^2=3136=56^2$

故：$x*y*z=\pm56$；$x=\pm7, y=\pm4, z=\pm2$

(2)當然這是上述兩者的綜合運用！你也要練習因數分解！

$60=4*15=2^2*3*5$；$140=2^2*5*7$；$105=3*5*7$；$84=7*2^2*3$

$(x*y*z*u)^2=(3*4*5*7)^3$；$x=3, y=4, z=5, u=7$

§2.6【習題】

(1)設全部工作量$=1$，三人的工作能力各為x, y, z（單位$=$「每日」）則：

$$x+y=\dfrac{1}{\dfrac{36}{7}}；x+z=\dfrac{1}{\dfrac{22}{5}}；2*(x+y+z)+\dfrac{26}{17}(y+z)=1$$

$z=\dfrac{371}{2838}, y=\dfrac{1667}{17028}, x=\dfrac{137}{1419}$；換句話說：各須 10.36, 10.21, 7.65（日）。

（這個數據給你很大的麻煩！）

(2)設月薪各為$6x, 5x$，開支各為$8y, 7y$，則：

$$6x-8y=16000, 5x-7y=6000；x=32000, y=22000（元）$$

(3)兩種的混合，可以就設甲種茶葉所占的份量為 x，於是乙的份量為 $1-x$，

原價為 $x*800+(1-x)*1100$，即：

$1135=(x*800+(1-x)*1100)*1.25$；$x=\dfrac{16}{25}$, $x:1-x=16:9$

(4) $x=42, y=78$

(5)設女工人數 x，（這是女生陳品衣的「設」，很自然吧！）

$1200(30-x)+800x=32000$；$x=10, 30-x=20$；加班日共發 11000 元

(6) 48, 19, 13, 6

(7) $x+y+z=17$；$1600x+1200y+640z=17920$；$2y=z$

（$x=5, y=4, z=8$）

(8)設調動後的男女工人數各為 x, y，調走的男工人數為 z，則：

$x+y=115-22, 2500x+2000y=210000$；（$x=48, y=45$）

$(x+z)*2500*\dfrac{1}{1.25}+(y+22-z)*2000*\dfrac{1}{1.25}=210000$；（$z=17$）

3
CHAPTER

§3.2【習題】　(1) $6x^5+5x^4-4x^3-x^2+7x-14$　　(2) $x^3-5x^2+3x+12$

(3) $x^6-5x^5+9x^4+2x^3+7x^2+3x+3$　(4) $3x^4-3x^3+2x^2-2x+2$

§3.3【習題】　(1) $15x^6+20x^5-39x^4+9x^3+x^2-43x+35$

(2) $16x^6+14x^5-63x^4+13x^3+34x^2+21x-35$

註 pp.60-62，這些都是「心算練習」，但是要用**交叉相乘法**。

【問題】　$803*807=?$

$8*8=64$，這是萬的位置上；然後，百的位置上，用 8 去乘$(3+7)$，得 8 仟；

再來 $7*3=21$；就可以直接寫答案了！

$32*83=2656$；$52*94=4888$；較難算；$2006*3004=6030024$（好算）

【么領的二元交叉相乘法練習】

$(x + 2y) * (x + 2y) = x^2 + 4xy + 4y^2$

$(x + 3y) * (x + 2y) = x^2 + 5xy + 6y^2$

$(x + 4y) * (x + 2y) = x^2 + 6xy + 8y^2$

$(x + 5y) * (x + 2y) = x^2 + 7xy + 10y^2$

$(x + 6y) * (x + 2y) = x^2 + 8xy + 12y^2$

$(x + 7y) * (x + 2y) = x^2 + 9xy + 14y^2$

$(x + 8y) * (x + 2y) = x^2 + 10xy + 16y^2$

$(x + 9y) * (x + 2y) = x^2 + 11xy + 18y^2$

$(x - 2y) * (x + 2y) = x^2 - 4y^2$

$(x - 3y) * (x + 2y) = x^2 - xy - 6y^2$

$(x - 4y) * (x + 2y) = x^2 - 2xy - 8y^2$

$(x + 3y) * (x + 4y) = x^2 + 7xy + 12y^2$

$(x + 5y) * (x + 6y) = x^2 + 11xy + 30y^2$

$(x + 9y) * (x + 7y) = x^2 + 16xy + 63y^2$

$(x + 9y) * (x - 2y) = x^2 + 7xy - 18y^2$

【非么領的二元交叉相乘法練習】

$(2x + y) \ * (x + 4y) = 2x^2 + 9xy + 4y^2$

$(2x + y) \ * (x + 5y) = 2x^2 + 11xy + 5y^2$

$(2x + y) \ * (2x + 2y) = 4x^2 + 6xy + 2y^2$

$(2x + y) \ * (2x + 4y) = 4x^2 + 10xy + 4y^2$

$(2x + 3y) * (3x + y) \ = 6x^2 + 11xy + 3y^2$

$(2x + 7y) * (3x + 2y) = 6x^2 + 25xy + 14y^2$

$(4x - 3y) * (3x + 2y) = 12x^2 - 1xy - 6y^2$

$(3x + 3y) * (4x + y) \ = 12x^2 + 15xy + 3y^2$

$(3x + 7y) * (3x - 2y) = 9x^2 + 15xy - 14y^2$

$(4x - 5y) * (5x + 2y) = 20x^2 - 17xy - 10y^2$

$(2x + 5y) * (3x + 4y) = 6x^2 + 23xy + 20y^2$

$(5x + 6y) * (2x - 3y) = 10x^2 - 3xy - 18y^2$

$(7x - 3y) * (4x + 5y) = 28x^2 + 23xy - 15y^2$

【二次三項式之交叉相乘因式分解】

$x^2 - 3x + 2 \qquad = (x - 2) * (x - 1)$

$x^2 + 5x + 6 \qquad = (x + 2) * (x + 3)$

$x^2 + 6x + 8 \qquad = (x + 2) * (x + 4)$

$2x^2 + 7x + 3 \qquad = (2x + 1) * (x + 3)$

$2x^2 + 9x + 4 \qquad = (2x + 1) * (x + 4)$

$4x^2 + 8x + 3 \qquad = (2x + 1) * (2x + 3)$

$7x^2 + 39x - 18 \qquad = (7x - 3) * (x + 6)$

$x^2 - 3x - 40 \qquad = (x - 8) * (x + 5)$

$x^2 - 7x + 12 \qquad = (x - 3) * (x - 4)$

$210x^2 + 299x - 32 \quad = (10x - 1) * (21x + 32)$

$20x^2 - x - 99 \qquad = (4x - 9) * (5x + 11)$

$x^2 + x - 132 \qquad = (x + 12) * (x - 11)$

$3x^2 + 10x + 8 \qquad = (3x + 4) * (x + 2)$

【附錄：二元齊二次三項式之交叉相乘因式分解】

$x^2 - 3xy + 2y^2 \qquad\qquad = (x - 2y) * (x - y)$

$x^2 + 5xy + 6y^2 \qquad\qquad = (x + 2y) * (x + 3y)$

$x^2 + 6xy + 8y^2 \qquad\qquad = (x + 2y) * (x + 4y)$

$2x^2 + 7xy + 3y^2 \qquad\qquad = (2x + y) * (x + 3y)$

$2x^2 + 9xy + 4y^2 \qquad\qquad = (2x + y) * (x + 4y)$

$4x^2 + 8xy + 3y^2 \qquad\qquad = (2x + y) * (2x + 3y)$

$7x^2 + 39xy - 18y^2 \qquad\qquad = (7x - 3y) * (x + 6y)$

$$x^2 - 3xy - 40y^2 \qquad = (x - 8y) * (x + 5y)$$

$$x^2 - 7xy + 12y^2 \qquad = (x - 3y) * (x - 4y)$$

$$210x^2 + 299xy - 32y^2 \qquad = (10x - y) * (21x + 32y)$$

$$20x^2 - xy - 99y^2 \qquad = (4x - 9y) * (5x + 11y)$$

$$x^2 + xy - 132y^2 \qquad = (x + 12y) * (x - 11y)$$

$$x^2 + 2xy + \frac{15}{16}y^2 \qquad = \frac{1}{16}(4x + 3y) * (4x + 5y)$$

$$3x^2 + 10xy + 8y^2 \qquad = (3x + 4y) * (x + 2y)$$

【問題】 因式分解：

$$(1) xy + 7x - 3y - 21 \qquad = (x - 3)(y + 7)$$

$$(2) x^4 - 8x^2y + 15y^2 \qquad = (x^2 - 3y)(x^2 - 5y)$$

$$(3)\ 272 - xy^2 - x^2y^4 \qquad = -\ (xy^2 + 17)(xy^2 - 16)$$

$$(4) x^2 - 2xy + y^2 - 9x + 9y + 14 = (x - y)^2 - 9(x - y) + 14 = (x - y - 7)(x - y - 2)$$

§3.5.1【問題】

$$1.\ (m * 10 + 5)^2 = m * (m + 1) * 100 + 25$$

$$2.\ 105^2 = 11025 ； 245^2 = 60025 ； 995^2 = 990025$$

$$3.\ (1)\ 1.00002^2 = 1.00004 ； (2)\ 2.00002^2 = 4.00008 ； (3)\ 10.00003^2 = 100.00006$$

$$4.\ (1)(X + Y + Z)^2 = X^2 + Y^2 + Z^2 + 2XY + 2XZ + 2YZ$$

$$(2)(X + Y + Z + U)^2 = X^2 + Y^2 + Z^2 + U^2 + 2XY + 2XZ + 2XU + 2YZ + 2YU + 2ZU$$

$$(3)(X + Y + Z - U - V + W)^2 = X^2 + Y^2 + Z^2 + U^2 + V^2 + W^2 + 2XY + 2XZ - 2XU$$

$$- 2XV + 2XW + 2YZ - 2YU - 2YV + 2YW - 2ZU - 2ZV + 2ZW + 2UV$$

$$- 2UW - 2VW$$

$$(4)(x^2 + 3x + 1)^2 = x^4 + 6x^3 + 11x^2 + 6x + 1$$

§3.5.2【問題1】 $11^5 = 161051$，記住，從最左（「拾萬位」）寫起：1, 5, 10, 10, 5, 1，故 5 +（進了一位的拾 = ）1 = 6，這是萬位（與千位）；其後，（接百位的！）1051

【問題 2】　　(1) $1.01^3 \approx 1.03030$ ；(2) $1.02^3 = 1.06121$ ；(3) $1.002^3 = 1.00601$ ；

(4) $1.0003^3 = 1.00090$

§3.5.3【問題 1】　　(1) $98*102 = 9996$ ；(2) $51*49 = 2499$ ；(3) $104*106 = 11024$ ；

(4) $34*36 = 1224$

【問題 2】　　(1)$x^3 \mp y^3 = (x \mp y)(x^2 \pm xy + y^2)$

(2)$(x^6 - y^6) = (x - y)(x^2 + xy + y^2)(x + y)(x^2 - xy + y^2)$

§3.6.1【習題 1】　要點是分離係數法！（只寫其一(1)）

$$
\begin{array}{rrrrrr}
2 & -3 & +0 & +4 & +1 & \\
  &   & 1 & -6 & -9 & \\
\hline
2 & -3 & +0 & +4 & +1 & \\
  & -12 & +18 & +0 & -24 & -6 \\
+)& & -18 & +27 & +0 & -36 & -9 \\
\hline
2 & -15 & +0 & +31 & -23 & -42 & -9
\end{array}
$$

(1) $2 - 15 + 0 + 31 - 23 - 42 - 9$　　　(2) $2 - 11 + 11 - 3$

(3) $1 + 0 + 0 + 12 - 72 + 1008 + 720$　　(4) $2 - 7 + 6 - 6 + 9 + 3 - 1$

(5) $6 - 13 - 7 + 7 - 5 + 0$

【習題 2】　要點是：分離係數法與上一題全同！（只是答案寫法不同）

(1) $2x^6 - 15x^5y (+0) + 31x^3y^3 - 23x^2y^4 - 42xy^5 - 9y^6$

(2) $2x^3 - 11x^2y + 11xy^2 - 3y^3$

(3) $x^6 (+0 + 0) + 12x^3y^3 - 72x^2y^4 + 1008xy^5 + 720y^6$

(4) $2x^6 - 7x^5y + 6x^4y^3 - 6x^3y^3 + 9x^2y^4 + 3xy^5 - y^6$

(5) $6x^5 - 13x^4y - 7x^3y^2 + 7x^2y^3 - 5xy^4 (+0)$

§3.6.2【習題】　要點是分離係數法！（只寫其一(1)）

$$
\begin{array}{rrr|rrrrr}
 & & & & 5 & +3 & -10 & \\
3 & -2 & +7 & 15 & -1 & -1 & +41 & -70 \\
 & & & 15 & -10 & +35 & & \\
\hline
 & & & 9 & -36 & +41 & & \\
 & & & 9 & -6 & -21 & & \\
\hline
 & & & & -30 & +20 & -70 & \\
 & & & & -30 & +20 & -70 & \\
\end{array}
$$

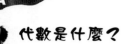

(1) $5x^2 + 3x - 10$ (2) $3x^2 - 7x + 2$ (3)$x - 4$

(4) $3x^2 (+0) - 2$ (5)$x^2 - 2x + 3$ (6)$x^2 - 2x - 7$

(7) $4x - 3$ (8) $3x^2 - 2x + 5$ (9)$x^2 - x - 19$，餘 $7x - 6$

§3.6.3【習題 1】　必須做得滾瓜爛熟！（只寫其一(1)）

$$
\begin{array}{rrrr|r}
2 & +3 & -4 & +1 & \boxed{-2} \\
& -4 & +2 & +4 & \\
\hline
2 & -1 & -2 & \Vert 5 &
\end{array}
$$

(1)商 $2x^2 - x - 2$；餘 $+5$ (2)商 $x^2 + 5x - 6$

(3)商 $2x^4 + x^3 - 2x^2 + x - 4$；餘 3 (4)商 $2x^3 + 3x^2 - x + 5$

(5)商 $x^4 + 8x^2 + 24$；餘 84

（必須以 $X = x^2$ 來思考！$X^3 + 4X^2 - 8X - 12$，以 $X - 4$ 除！）

§3.7【習題 1】

(1)$(x+1)(x+2)(x+3)(x+4)$；　記 $X = x^2 + 5x$

(2)$(x+1)(x-1)(x-2)(x-4)$；　記 $X = x^2 - 3x$

(3)$(x-1)(x-2)(x+3)(x+4)$；　記 $X = x^2 + 2x$

(4)$(x-1)(x+4)(x^2+3x+6)$；　記 $X = x^2 + 3x - 2$

(5)$(x-1)(x+8)(x^2+7x+26)$；　記 $X = x^2 + 7x + 6$

(6)$(x-1)(x+2)(x^2+x+6)$；　記 $X = x^2 + x$

(7)$(x-1)^2 (x+2)(x-4)$；　記 $X = x^2 - 2x + 3$

(8)$(3x^2 - 3x - 14)(3x^2 - 3x + 4)$；記 $X = 3x^2 - 3x$

【習題 2】

(1)$x(x+1)(x^2+x-14)$；　記 $(x+4)(x-3) = X - 12$

(2)$(x^2-2x-4)(x^2-2x-19)$；　記 $(x+2)(x-4) = X - 8$

(3)$(x-5)(x+2)(x^2-3x+12)$；　記 $x(x-3) = x^2 - 3x = X$

【習題 3】

(1)$(x+4)(x+6)(x^2+15x+24)$；　記 $(x+2)(x+12) = x^2 + 14x + 24 = X + 14x$

$(2)(x^2-27)(x^2-29)$；　　　記$(x-5)(x+6)=X+x$

$(3)(x+4)(x+2)(x^2+5x+8)$；　　　記$x^2+4x+8=X$

$(4)(2x^2+x+3)(2x^2-x+3)$；　　　記$2x^2+3=X$

§3.8.1【習題】

$(1)(x-1)(x+1)^2(x-2)$　　　　$(2)(x-1)(2x+1)(x^2+x+3)$

$(3)(x-1)(x^2-x+2)$　　　　$(4)(x-1)(x-2)(x-3)$

$(5)(x+1)(x-2)(x-5)$　　　　$(6)(2x-1)(x+1)^2$

$(7)(x+10)(2x+3)(x-7)$

§3.8.2【習題】　$(1)(x^2-x+1)^2$；$(2)(x^2+x-1)^2$；$(3)(x^2+2x+3)^2$

§3.8.3【習題】　$(1)(x-2)(x^2+2x+4)$

$(2)(x-3)(x^2+3x+9)$

$(3)(x-2)(x^2+2x+4)(x+1)(x^2-x+1)$

4
CHAPTER

§4.2【習題】　$\sqrt{2007}=44.79955\cdots$；必須真正筆算！

注意到由例 3，若我們由$\sqrt{2007}=45+\delta$著手，$2007=2025+90*\delta+\delta^2$；於是

$\delta\approx\dfrac{-18}{90}=-0.2$；立得$\sqrt{2007}\approx44.8$

§4.3【習題 1】　這只是鍛鍊你養成寫正負號的習慣！

$(1)\pm 2$；$(2)\pm 6$；$(3)\pm 13$；$(4)\pm 21$；$(5)\pm 55$；$(6)\pm 32$；$(7)\pm 85$

【習題 2】　這只是提醒你：可以有無理方根！也要記得寫正負號！

$(1)\pm 2\sqrt{6}$；$(2)\pm\sqrt{65}$；$(3)\pm 3\sqrt{3}$

§4.4【習題 1】　這只是鍛鍊你養成寫正負號的習慣！

$(1)x=2,6$　　　$(2)x=9,-3$　　　$(3)x=11,-17$　　　$(4)x=26,-19$

$(5)x=1,-49$　　　$(6)x=39,-25$　　　$(7)x=79,-91$　　　$(8)x=6$

【習題 2】　$(1)x=4\pm 2\sqrt{6}$；$(2)x=-3\pm\sqrt{65}$；$(3)x=5\pm 3\sqrt{3}$

【習題 3】

(1)$x = 11, -17$　　(2)$x = 79, -91$　　(3)$x = 6, -20$　　(4)$x = 7, 11$

(5)$x = 39, -25$　　(6)$x = 43, -67$　　(7)$x = 9, 21$　　(8)$x = 12$（重根）

【習題 4】

(1)$x = 26, -16$　　(2)$x = 79, -91$　　(3)$x = 6, -20$　　(4)$x = 7, 11$

(5)$x = 39, -25$　　(6)$x = 43, -67$　　(7)$x = 9, 21$

【習題 5】

(1)$x = 26, -16$　　(2)$x = 79, -91$　　(3)$x = 6, -20$　　(4)$x = 7, 11$

(5)$x = 39, -25$　　(6)$x = 43, -67$　　(7)$x = 9, 21$

§4.5【習題 1】

(1)$x = \dfrac{21}{5}, 7$　　(2)$x = \dfrac{3 \pm \sqrt{-71}}{8}$，虛根　　(3)$x = \dfrac{4 \pm \sqrt{10}}{3}$

(4)$x = \sqrt{2} \pm \sqrt{3}$　　(5)$x = 4 \pm \sqrt{11}$　　(6)$x = \dfrac{3 \pm \sqrt{29}}{2}$

【習題 2】　　注意到：這些整係數的方程式，當判準式為完全平方時，根必

為有理數，否則必為無理數！

(1)實（無理）根　　(2)實（有理）根　　(3)實（有理）根

(4)有理重根　　(5)實（有理）根　　(6)實（有理）根

(7)實重（有理）根　　(8)虛根　　(9)虛根

§4.6【習題 1】

(1)$(p, q) = (1, \dfrac{-1}{3})$　　(2)$(\dfrac{13}{18}, \dfrac{-4}{27})$　　(3)$(\dfrac{-43}{20}, \dfrac{21}{20})$

(4)$(\dfrac{-4}{13}, \dfrac{4}{169})$　　(5)$(\dfrac{22}{3}, \dfrac{35}{3})$　　(6)$(\dfrac{3}{2}, -7)$

(7)$(-3, \dfrac{9}{4})$　　(8)$(-2, 8)$　　(9)$(\dfrac{3}{7}, \dfrac{5}{7})$

【習題 2】

(1)$x^2 - 2x - 35 = 0$　　(2)$2x^2 + 9x - 5 = 0$　　(3)$x^2 + 4x - 59 = 0$　　(4)$9x^2 + 42x + 44 = 0$

【習題3】

(1)$(3x-16)(4x+9)$　　(2)$(x-19)(x+7)$　　(3)$(x-112)(x-111)$

(4)$(2x-37)(3x+9)$　　(5)$(10x-1)(21x+32)$　　(6)$(5x+11)(4x-9)$

(7)$(x-24)(x+52)$　　(8)$(3x-8y)(8x+5y)$

【習題4】

$$(\alpha-2)*(\beta-2)=\alpha*\beta-2*(\alpha+\beta)+4=\frac{1}{2}-2*\frac{-5}{2}+4=\frac{19}{2}$$

$$\alpha^2+\beta^2=(\alpha+\beta)^2-2\alpha*\beta=\frac{21}{4}\ ;\ (\alpha-\beta)^2=(\alpha+\beta)^2-4\alpha*\beta=\frac{17}{4}$$

【習題5】

$$\frac{\alpha^2}{\beta}+\frac{\beta^2}{\alpha}=\frac{\alpha^3+\beta^3}{\alpha*\beta}=\frac{\alpha^3+\beta^3}{-2}$$

$$\alpha^3+\beta^3=(\alpha+\beta)*((\alpha+\beta)^2-3\alpha*\beta)=\frac{3}{2}*\left(\frac{9}{4}-3*(-2)\right)=\frac{-99}{16}$$

【習題6】　設 $\alpha+\beta=-b,\ \alpha*\beta=-5$，於是：

$$19=\alpha^2+\beta^2=(\alpha+\beta)^2-2\alpha*\beta=b^2+10\ ;\ b^2=9,\ b=\pm3$$

§4.7【習題1】

(1)$\dfrac{7+\sqrt{35}}{2}$　(2)$\dfrac{29+10\sqrt{5}}{31}$　(3) 4　(4)$\sqrt{2}+\sqrt{3}$　(5)$\dfrac{7}{5}(-3-4\sqrt{3}+3\sqrt{7}+2\sqrt{21})$

註 (3)的兩分母是「共軛」！通分之，原式 $=\dfrac{(\sqrt{5}-\sqrt{3})^2+(\sqrt{5}+\sqrt{3})^2}{((\sqrt{5}-\sqrt{3})*(\sqrt{5}+\sqrt{3}))^2}$，分母

是 $(5-3)^2=4$，（不准「先平方再乘」＝「不及格」！）；分子要用到：

$$(a+b)^2+(a-b)^2=2(a^2+b^2)$$

【習題2】　要記住「主值規約」：$\sqrt{25}=5$（沒有 -5）

(1)$\sqrt{3}-1$　　(2)$\dfrac{\sqrt{3}+1}{\sqrt{2}}=\dfrac{\sqrt{6}+\sqrt{2}}{2}$　　(3)$\sqrt{2}$

(4) $2\sqrt{2}-\sqrt{5}$（因 $\sqrt{7-\sqrt{40}}=\sqrt{5}-\sqrt{2}$）　　(5)$\sqrt{14}-1$

(6)$\sqrt{7}-\sqrt{2}$　　(7)$\sqrt{5}+2$　　(8)$\sqrt{3}$　　(9)$\sqrt{6}$

(10)$-2\sqrt{2}$　　(11)$\dfrac{1}{6}(3+\sqrt{6}+\sqrt{15})$　　(12)$\sqrt{2}+1$　　(13) 3

註 (3)的要點是由(2)，$\sqrt{2\pm\sqrt{3}}=\dfrac{\sqrt{3}\pm1}{\sqrt{2}}$

因此原式 $= \dfrac{2+\sqrt{3}}{\sqrt{2}+\dfrac{\sqrt{3}+1}{\sqrt{2}}} + \dfrac{2-\sqrt{3}}{\sqrt{2}-\dfrac{\sqrt{3}-1}{\sqrt{2}}} = \sqrt{2} * \left(\dfrac{2+\sqrt{3}}{3+\sqrt{3}} + \dfrac{2-\sqrt{3}}{3-\sqrt{3}} \right)$

(10) $\sqrt{11-2\sqrt{30}} = \sqrt{6} - \sqrt{5}\sqrt{7-2\sqrt{10}} = \sqrt{5} - \sqrt{2}$

$\qquad \sqrt{8+4\sqrt{3}} = \sqrt{6} + \sqrt{2}$

(11) $\sqrt{4+2\sqrt{3}} = \sqrt{3} + 1$; $\sqrt{6+2\sqrt{5}} = \sqrt{5} + 1$

【習題 3】　(1) $\dfrac{1}{\sqrt{2}}\left(a+\sqrt{a^2-4}\right)$；(2) $\sqrt{2x-3}+\sqrt{x+2}$；(3) $\sqrt{a-c}+\sqrt{b}$

註 (1)的要點是：根式內有 $a\sqrt{a^2-4}$，須乘以 2 才能開方，故：

$$原式 = \dfrac{1}{\sqrt{2}}\sqrt{2a^2-4+2a\sqrt{a^2-4}} = \dfrac{1}{\sqrt{2}}\sqrt{a^2+(a^2-4)+2a\sqrt{a^2-4}}$$

$$= \dfrac{1}{\sqrt{2}}\sqrt{\left(a+\sqrt{a^2-4}\right)^2} = \dfrac{1}{\sqrt{2}}\left(a+\sqrt{a^2-4}\right)$$

【習題 4】

(1) $8a^3-6a$；(2) 10；(3)b（若 $b>1$），$\dfrac{1}{b}$（若 $0<b<1$）；(4)$\dfrac{a}{b}+\dfrac{b}{a}$；(5) 1

註 (4)的要點是：此題顯然可設 $a>1$，$b>1$，算出 $x^2-1 = \left(\dfrac{1}{2}\left(a-\dfrac{1}{a}\right)\right)^2$；於是

同理 $y^2-1 = \left(\dfrac{1}{2}\left(b-\dfrac{1}{b}\right)\right)^2$；因此根式被「解開」了！

【習題 5】

(1)$x=\sqrt{2},\ \sqrt{2}-1$ 　　　　　(2)$x=\sqrt{7}+\sqrt{3},\ \sqrt{3}-\sqrt{7}-2$

(3)$x=\sqrt{3}-1,\ 3\sqrt{3}-2$ 　　　　(4)$x=11+7\sqrt{3},\ -9-5\sqrt{3}$

【習題 6】　(1)$\sqrt[5]{4}=2^{\frac{2}{5}}$；(2)$\sqrt{6}$；(3)$\sqrt[6]{7}$；(4)$\sqrt{2}$

【習題 7】　(1)$\sqrt[12]{\dfrac{81}{8}}$；(2)$\sqrt[6]{\dfrac{27}{32}}$

§4.8【習題 1】　(1)$\dfrac{47-101i}{34}$；(2)$\dfrac{97+518i}{157}$

【習題 2】　這一題的要點是這裡的 x 是一的立方虛根：（通常記作 ω）

$$\omega^2 = \dfrac{-1-\sqrt{3}i}{2}；\ \omega^3=1$$

要點是：$\omega+\omega^2+1=0,\ \omega+\omega^2=-1$

於是原式 $= 2x-11-7x^2-9x+14 = 3-7x-7x^2 = 3+7 = 10$

【習題3】 $(1)x = 5 \pm \sqrt{15}i$; $(2)x = \dfrac{5 \pm \sqrt{23}i}{6}$; $(3)\dfrac{1 \pm \sqrt{14}i}{5}$; $(4)\dfrac{3 \pm \sqrt{87}i}{8}$

【習題4】 這幾乎無聊！（代入公式！）和$=p$，積$=q$；但是你也可以練習驗算你上一習題的答案，用到：$(A+Bi)(A-Bi) = A^2 + B^2$

$(1)p = 10, q = 40$ $(2)p = \dfrac{5}{3}, q = \dfrac{4}{3}$ $(3)p = \dfrac{2}{5}, q = \dfrac{3}{5}$ $(4)p = \dfrac{3}{4}, q = \dfrac{3}{2}$

§5.1【習題1】

$(1)x = \pm 1, \pm 2$ ；（令$X = x^2$） $\qquad$ $(2)x = \dfrac{\pm 1}{3}, \dfrac{\pm 1}{2}$

$(3)x = \pm\sqrt{6} \pm 1$; $(x^2 = 7 \pm 2\sqrt{6})$ $\qquad$ $(4)x = \dfrac{\pm 1}{2}, -1$ ；（令$X = x^3$）

$(5)x = \dfrac{\pm\sqrt{2}}{2}$; ± 2 ；（令$X = x^4$） $\qquad$ $(6)x = \pm 1$; $(X = x^6 = -8, 1)$

$(7)x = \pm 1$; $(X = x^2 = 1, -12)$ $\qquad$ $(8)x = \pm\sqrt{\dfrac{7}{3}}, \pm 2$; $(X = x^2 = \dfrac{7}{3}, 4)$

【習題2】

$(1)x = 1, 4, 2, 3$ ；（令$X = x^2 - 5x$; $X = 1, 4$）

$(2)x = -1, -6, \dfrac{-7 \pm \sqrt{45}}{2}$; $(X = x^2 + 7x + 5 = -1, 4)$

$(3)x = -2, -1, \dfrac{-3 \pm \sqrt{19}i}{2}$; $(X = x^2 + 3x + 4 = 2, -3)$

$(4)x = 2 \pm \sqrt{3}, 2 \pm \sqrt{10}$; （令$X = x^2 - 4x = 1, 6$）

$(5)x = 0, -5, \dfrac{-5 \pm \sqrt{65}}{2}$; （令$X = x^2 + 5x + 5 = -5, 5$）

$(6)x = \dfrac{2 \pm \sqrt{13}}{3}, \dfrac{-5 \pm \sqrt{29}}{2}$; $(X = x - \dfrac{1}{x} = \dfrac{4}{3}, -5)$

$(7)x = -6, 2, -2$; $(X = x^2 + 4x = 12, -4)$

$(8)x = 0, \dfrac{-9}{5}, \dfrac{15 \pm \sqrt{401}}{22}$; $(X = \dfrac{x^2 + 3x + 1}{4x^2 + 6x - 1} = 3, -1)$

$(9)x = 3$; $(X = \sqrt{\dfrac{x+9}{x}} = 2)$

$(10) x = -4, -6, \dfrac{-15 \pm \sqrt{129}}{2}$ ； $(X = x^2 + 24 = -10x, -15x)$

§5.2【習題】

$(1) x = -2, 3 \pm \sqrt{3}$ $\qquad$ $(2) x = 4, -2, 1$ $\qquad$ $(3) x = -2$（沒有其它有理根）

$(4) x = \pm 1, \dfrac{-3 \pm \sqrt{5}}{2}$ $\quad$ $(5) x = \dfrac{3}{2}, -2, \dfrac{1}{2}, \pm i$ $\quad$ $(6) x = \pm 1, \pm 3, \dfrac{\pm 1}{2}$

$(7) x = \dfrac{-7}{3}, \dfrac{4}{3}$ ； $\dfrac{-5 \pm \sqrt{29}}{6}$

§5.3【習題1】　　注意偽根之檢驗！

$(1) x = \dfrac{5}{3}, \dfrac{-25}{18}$ $\qquad$ (2)無解偽根 1 $\qquad$ $(3) x = 11, -3$

$(4) x = \dfrac{-33}{8}$ $\qquad$ $(5) x = \dfrac{-1}{3}$, 偽根 1 $\qquad$ $(6) x = 1$, 偽根 -1

$(7) x = -7$, 偽根 1 $\qquad$ (8)無解偽根 $-1, 2$ $\qquad$ $(9) x = 0, \dfrac{5}{3}$

【習題2】　　$(1) x = \dfrac{7}{4}$ ； $(2) x = \dfrac{259}{43}$ ； $(3) x = 5$ ； $(4) x = \dfrac{7}{5}$

【習題3】

$(1) x = \dfrac{13}{2}$ $\qquad$ $(2) x = 0$ $\qquad$ $(3) x = 5$ $\qquad$ $(4) x = -4$

$(5) x = 7$ $\qquad$ $(6) x = \dfrac{-1 \pm \sqrt{3}}{2}$ $\qquad$ $(7) x = -6$, 偽根 -6 $\qquad$ $(8) x = 10$

$(9) x = 4$ $\qquad$ $(10) x = 23$ $\qquad$ $(11) x = -4$

【習題4】

$(1) x = (a+b), \dfrac{2ab}{a+b}$ $\qquad$ $(2) x = \pm \sqrt{ab}$ $\qquad$ $(3) x = \pm a$ ； $\dfrac{\pm 1}{a}$

$(4) x = 0, \dfrac{-(a+b)}{2}$ $\qquad$ $(5) x = c, -\dfrac{a^2 + b^2 + ac + bc}{a + b + 2c}$ $\qquad$ $(6) x = 0, \pm \sqrt{ab}$

$(7) x = 0, \dfrac{1 - ab}{a + b}$

【習題5】

$(1) x = \dfrac{1 \pm \sqrt{5}}{2}$ ； $\left(u = \dfrac{x^2}{x+1} = 1\right)$ $\qquad\qquad$ $(2) x = 1, \dfrac{1 \pm \sqrt{15}i}{4}$ ； $\left(u = \dfrac{x}{x^2 + 1} = 2, \dfrac{1}{2}\right)$

$(3) x = 3, 1, 0, -8$ ； $\left(u = \dfrac{x^2 + 2}{x^2 + 4x + 1} = 2, \dfrac{1}{2}\right)$ $\quad$ $(4) x = 2, -2, -6$ ； $(u = x^2 + 4x = 12, -4)$

$(5) x = 0, \dfrac{-9}{5}, \dfrac{-15 \pm \sqrt{401}}{22}$; $(u = \dfrac{x^2 + 3x + 1}{4x^2 + 6x - 1} = -1, 3)$

【習題 6】 先觀察得到一（些）解！

$(1) x = 5$ 　　　$(2) x = \pm 1, \pm 8$; $(u = x^2 + 2x - 8 = 9x, -5x)$

$(3) x = 1, 2$ 　　　$(4) x = a, \dfrac{-(b^2 + c^2)}{b + c}$

📘 對(4)先觀察得到一解 $x = a$，左邊通分：

$$\dfrac{(2a + b + c)x + (ab + ac + 2bc)}{x^2 + (b + c)x + bc} = \dfrac{2(a + b + c)}{x + b + c}$$

故：$[(2a + b + c)x + (ab + ac + 2bc)] * (x + b + c)$

$$= 2(a + b + c)[x^2 + (b + c)x + bc]$$

交叉項稍繁！不理之！則二次方程式是：

$$x^2(2a + 2b + 2c - 2a - b - c) + (\cdots) + (-a(b^2 + c^2)) = 0$$

兩根的積是 $\dfrac{-a(b^2 + c^2)}{b + c}$

【習題 7】 先觀察得到一（些）解！

$(1) x = -2, \dfrac{1 \pm \sqrt{5}}{2}$; (2)無解偽根 $1, 0$; $(3) x = \dfrac{1 \pm \sqrt{21}}{4}$;（偽根 -1）

§5.4【習題 1】 注意偽根之檢驗！

$(1) x = 4, (u = \sqrt{x + 5} = 3, -4(偽根))$ 　　　$(2) x = 2$;（偽根 $\dfrac{29}{25}$）

$(3) x = 3$;（偽根 18） 　　　$(4) x = 4, \dfrac{1}{4}$

$(5) x = 9$; $(u = \sqrt{x + 7} = -3\ 偽根)$

$(6) x = 3$; $(u = \sqrt{2x - 6} = -u^2/2, u = -2\ 偽根)$

【習題 2】 注意偽根之檢驗！

$(1) x = \dfrac{-3 \pm \sqrt{21}}{2}$ 　　　$(2) x = -3, 12,$ 另有虛根 　　$(3) x = \pm\sqrt{6}$

$(4) x = 3, -1$ 　　　$(5) x = 9, -2$ 　　　$(6) x = 7, -2$

【習題 3】 注意偽根之檢驗！

$(1) x = 5, 7$ 　　　$(2) x = 5, (\dfrac{15}{4}\ 偽根)$ 　　$(3) x = 3, 4$

(4)$x=7$, (4 偽根)　　　(5)$x=8, \dfrac{-5}{4}$　　　　　(6)$x=4$

【習題 4】　注意偽根之檢驗！

(1)$x=\pm12$　　　　　　　(2)$x=20$；(偽根 4)　　　(3)$x=1, \dfrac{229}{9}$

(4)$x=7$；(偽根 167)　　　(5)$x=9$

【習題 5】　注意偽根之檢驗！

(1)改成 $\sqrt{3x+2}=\sqrt{2x+1}+\sqrt{x+1}$，再平方！

　立得 $2\sqrt{2x+1}*\sqrt{x+1}=0$，$x=\dfrac{-1}{2}, -1$(偽根)

(2)$x=4$；(偽根 $\dfrac{-4}{7}$)　　(3)$x=2$　　　　　　(4)$x=10$；(偽根 $\dfrac{22}{13}$)

(5)先化為 $\sqrt{7x-4}-\sqrt{4x-2}=\sqrt{4x-1}-\sqrt{7x-5}$，再平方！立得 $x=1$

(6)$x=3$(偽根 -2)　　　(7)$x=7$(偽根 $\dfrac{2}{3}$)　　(8)$x=5$(偽根 $\dfrac{4}{3}$)

(9)$x=11$

【習題 6】　注意偽根之檢驗！

(1)$x=3$；(偽根 -1)　　(2)$x=2, 7$　　　　　(3)$x=\dfrac{16}{25}$

(4)$x=4$　　　　　　　　(5)$x=5$；(偽根 $\dfrac{14645}{5041}$)

(6)若令 $u=\sqrt{3*x-1}\geq0$，則原方程式變成：$\sqrt{u^2+1-2*u}=u-1$，這是「恆

　等式」！只要合於主根規約，右側 $(u-1)\geq0$，即：$x\geq\dfrac{2}{3}$

§5.4.1【習題 1】

　(1)$x=8, -3$；(偽根 $u=\sqrt{x^2-5x+1}=-1$)

　(2)$x=\dfrac{7}{6}, \dfrac{17}{26}$；($u=\sqrt{\dfrac{3x-2}{x-1}}=3, \dfrac{1}{3}$)

　(3)$x=3, \dfrac{-3}{4}$；(偽根 $u=\sqrt{\dfrac{x+1}{x^2}}=-1$)

　(4)$x=3$；($u=\sqrt{\dfrac{x+9}{x}}=2$)

　【習題 2】　(1)～(4)合分比法；(5)～(10)共軛通分法

(1)$x = 3, 4$

(2)$x = \sqrt{3} \pm 4$

(3)$x = 7$；$\left(\dfrac{\sqrt{7+x}}{\sqrt{7-x}} = \dfrac{7+x}{7-x} \right.$；偽根 $0, -7 \left. \right)$

(4)$x = 2 + \sqrt{\dfrac{2}{3}}$；(偽根 $2 - \sqrt{\dfrac{2}{3}}$)

(5)$x = 3$

(6)$x = \pm \sqrt{2}$

(7)$x = \pm 2$；$(\sqrt{5 + x^2} = 3)$

(8)$x = -3$；(偽根 3)

(9)$x = \pm 1, 2$；偽根 $\dfrac{1}{2}$

(10)無解，偽根 $x = -6$

(11)$x = 5$；(偽根 $\dfrac{-5}{6}$)

(12)$x = 81$；(偽根 1)

(13)$x = \dfrac{3}{2}$；(偽根 $\dfrac{2}{3}$)

(14)$x = 10, 37$

(15)無解，偽根；$\left(\dfrac{1}{\sqrt{x} + \sqrt{x+1}} = \sqrt{x+1} - \sqrt{x} \right)$

§5.4.2【習題】　令 $u = \sqrt[3]{19x + 49}$；$v = -\sqrt[3]{19x - 49}$

故 $u + v = 2$；但是：$u^3 + v^3 = (19x + 49) - (19x - 49) = 98$；另外有：

$$u^2 - uv + v^2 = \frac{u^3 + v^3}{u + v} = \frac{98}{2} = 49$$

故 $3uv = (u + v)^2 - (u^2 - uv + v^2) = 45$

於是 $(u - v)^2 = (u + v)^2 - 4uv = 64$；$u - v = 8$；$u = 5, x = 4$

§5.5【習題 1】

(1)$(x, y) = \left(\dfrac{3}{2}, 10 \right), (5, 3)$

(2)$(x, y) = (3, 2), (-5, 6)$

(3)$(x, y) = (4, 1), \left(\dfrac{-25}{7}, \dfrac{-71}{35} \right)$

(4)$(x, y) = (3, -5), \left(\dfrac{-27}{4}, 8 \right)$

(5)$(x, y) = (1, 2), (3, 5)$

(6)$(x, y) = (5, -2), \left(\dfrac{1}{5}, \dfrac{-2}{5} \right)$

(7)$(x, y) = (3, 1), \left(\dfrac{5}{4}, \dfrac{-5}{2} \right)$

(8)$(x, y) = (11, 7), \left(\dfrac{85}{8}, \dfrac{27}{4} \right)$

(9)$(x, y) = (5, 2), (-7, -4)$

(10)$(x, y) = (4, 3), \left(\dfrac{-48}{13}, \dfrac{-41}{13} \right)$

(11)$(x, y) = (2, 1), (57, -54)$

(12)$(x, y) = (9, 4)$

對稱性與奇偶性

【對稱性】

有些「聯立方程式組」，從形式上就看得出來：只要有一解$(x=3, y=7)$就一定有另一解$(x=7, y=3)$；只是把x, y對調而已！這時候我們可以採用集合論的寫法，寫成：

$$\{x, y\} = \{3, 7\}$$

【奇偶性】

有些「聯立方程式組」，從形式上就看得出來：只要有一解$(x=3, y=7)$就一定有另一解$(x=-3, y=-7)$；只是把x, y同時變號而已！這時候可以寫成：

$$(x, y) = \pm(3, 7)；或者(x, y) = (\pm 3, \pm 7)$$

若有兩組解是$(x=3, y=-7)$與$(x=-3, y=+7)$，我們可以寫成：

$$(x, y) = (\pm 3, \mp 7)$$

我們的意思是：正負號有「兩擇」，但必須是同上同下！

若有四組解：

$$(x=3, y=7), (x=-3, y=7), (x=3, y=-7), (x=-3, y=-7)$$

你不能有「一個式子就夠了」的寫法！

【習題2】

(1)$\{x, y\} = \{7, 3\}$ (2)$\{x, y\} = \{4, 5\}$

(3)$\{x, y\} = \{3, 30\}$ (4)$\{x, y\} = \{12, 15\}$

(5)$(x, y) = (8, 7), (-7, -8)$ (6)$(x, y) = (15, 2), (-2, -15)$

(7)$(x, y) = (9, 6), (-6, -9)$ (8)$(x, y) = (1, 2), \left(\dfrac{22}{7}, \dfrac{7}{11}\right)$

【習題3】

(1)$\{x, y\} = \{2, 8\}$ (2)$\{x, y\} = \{7, 6\}$

(3)$(x, y) = (11, 10), (-10, -11)$ (4)$(x, y) = (6, 3), (-3, -6)$

(5) $\{x, y\} = \{3, 4\}$

(6) $(x, y) = (7, 2), (-2, -7)$

(7) $(x, y) = (3, 2), (-2, -3)$

(8) $(x, y) = (3, 2), \left(\dfrac{4}{3}, \dfrac{-9}{2}\right)$

【習題 4】

(1) $(x, y) = (-3, 1), \left(\dfrac{1}{2}, \dfrac{-3}{4}\right)$

(2) $(x, y) = (-1, 2), \left(\dfrac{-1}{2}, \dfrac{7}{4}\right)$

(3) $(x, y) = (2, -1), \left(\dfrac{2}{13}, \dfrac{23}{13}\right)$

【習題 5】

(1) $(x, y) = (1, 6)$

(2) $3x - 1 = 8, \, 4y + 2 = -2$

(3) $\dfrac{1}{x} = \dfrac{5}{2}, \, \dfrac{1}{y} = \dfrac{-3}{2}$

(4) $\left(\dfrac{3}{x}, \dfrac{4}{y}\right) = \left(\dfrac{2}{3}, \dfrac{1}{3}\right), \left(\dfrac{-1}{3}, \dfrac{-2}{3}\right)$

§5.6.1【習題 1】

(1) $(x, y) = (\pm 4, 0), (1, 3), (-1, -3)$

(2) $(x, y) = (4, 2), (3, 1), \left(\dfrac{-3}{5}, \dfrac{-1}{5}\right), \left(\dfrac{-2}{5}, \dfrac{-1}{5}\right)$

(3) $(x, y) = (-4, 2), \left(\dfrac{9 \pm \sqrt{217}}{17}, \dfrac{27 \pm 3\sqrt{217}}{17}\right)$

(4) $(x, y) = \pm\left(2\sqrt{\dfrac{3}{2}}, \sqrt{\dfrac{3}{2}}\right), \pm(1, 2)$

【習題 2】

(1) $(x, y) = \pm(2, 4), \pm(\sqrt{2}, 3\sqrt{2})$

(2) $(x, y) = \pm(7, 2), (\pm\sqrt{3}, \mp 3\sqrt{3})$

(3) $(x, y) = (\pm 1, \mp 2), (\pm\sqrt{3}, 0)$

(4) $\{x, y\} = \{1, 2\}, \{-1, -2\}$

(5) $\{x, y\} = \left\{\dfrac{\sqrt{3} \mp 1}{\sqrt{2}}, \dfrac{\sqrt{3} \pm 1}{\sqrt{2}}\right\}, \left\{\dfrac{\sqrt{3} \mp 1}{-\sqrt{2}}, \dfrac{\sqrt{3} \pm 1}{-\sqrt{2}}\right\}$

(6) $(x, y) = \pm(1, 1) \, ; \, \pm\left(\dfrac{2\sqrt{2}}{3}, \dfrac{\sqrt{2}}{3}\right)$

(7) $(x, y) = \pm(4, 2), \pm(6, 4)$

(8) $(x, y) = (2, 3), (-2, -3)$

$(9)(x, y)=\pm(6, 5), \pm\left(\dfrac{1}{\sqrt{2}}, \dfrac{11}{\sqrt{2}}\right)$

$(10)(x, y)=\left(\dfrac{\pm 7}{\sqrt{6}}, \dfrac{\mp 1}{\sqrt{6}}\right), \left(\dfrac{\pm 1}{2}, \dfrac{\mp 3}{2}\right)$

$(11)(x, y)=\pm\left(\dfrac{5}{\sqrt{2}}, \dfrac{17}{5\sqrt{12}}\right)$

$(12)(x, y)=\pm(1, 4)$ ； $(\pm 4, \mp 14)$

$(13)(x, y)=\pm(2, 1), \pm\left(\dfrac{13}{2\sqrt{11}}, \dfrac{3}{2\sqrt{11}}\right)$

$(14)(x, y)=\left(\pm 2\sqrt{\dfrac{7}{3}}, \mp\sqrt{\dfrac{7}{3}}\right), \pm\left(3\sqrt{\dfrac{7}{5}}, 2\sqrt{\dfrac{7}{5}}\right)$

【習題 3】

$(1)(x, y)=(-4, 2), \left(\dfrac{12}{7}, \dfrac{4}{7}\right), (0, 0)$ $(2)(x, y)=(2, -1), \left(\dfrac{14}{127}, \dfrac{49}{127}\right), (0, 0)$

$(3)(x, y)=(2, 1), \left(\dfrac{8}{3}, \dfrac{2}{3}\right), (0, 0)$ $(4)(x, y)=(2, 1), \left(\dfrac{3}{2}, \dfrac{1}{2}\right), (0, 0)$

【習題 4】

$(1)(x, y)=(5, 8), \left(6, \dfrac{51}{4}\right)$ $(2)(x, y)=(3, 1), \left(\dfrac{2}{3}, \dfrac{-4}{3}\right)$

$(3)(x, y)=(-3, 2), \left(-2, \dfrac{14}{9}\right)$ $(4)(x, y)=(0, 1), \left(\dfrac{7}{5}, \dfrac{-9}{5}\right)$

$(5)(x, y)=(-1, -2), \left(\dfrac{11}{5}, \dfrac{-2}{5}\right)$ $(6)(x, y)=\left(3, \dfrac{1}{3}\right), \left(6, \dfrac{2}{3}\right)$

$(7)(x, y)=\left(\dfrac{2}{3}, \dfrac{3}{2}\right), (0, 0)$ $(8)(x, y)=\left(-163\pm 4\sqrt{3691}, \dfrac{78\mp 2\sqrt{3691}}{31}\right)$

【習題 5】

$(1)(x, y)=(1, 2), \left(\dfrac{-49}{43}, \dfrac{202}{1849}\right)$ $(2)(x, y)=(1, 0), \left(\dfrac{-29}{32}, \dfrac{-915}{1024}\right)$

$(3)(x, y)=(-2, -1), (1, 2)$

$(4)(x, y)=(0, 1), (0, 2), (-2, -2), (-2, -1)$

$(5)(x, y)=(-2, -1), (1, 2)$ $(6)(x, y)=(1, \pm 2), (-4, \pm i)$

$(7)(x, y)=(\pm 1, 2), \left(\dfrac{\sqrt{11}}{4}, \dfrac{3}{4}\right)$

【習題 6】

(1)$(x, y) = (4, 2), \left(\dfrac{-9}{4}, \dfrac{3}{4}\right), \left(\dfrac{3}{2}, \dfrac{9}{2}\right), \left(\dfrac{1}{4}, \dfrac{-7}{4}\right)$

(2)$(x, y) = (2, 3), (-3, -3), \left(\dfrac{5}{3}, \dfrac{5}{2}\right), \left(\dfrac{-7}{2}, \dfrac{-5}{2}\right)$

【習題 7】

(1)$(x, y) = (2, 1), (-1, -2), \left(\dfrac{5}{2}, \dfrac{1}{2}\right), \left(\dfrac{-1}{2}, \dfrac{-5}{2}\right)$

(2)$(x, y) = (2, 1), \left(\dfrac{-19}{8}, \dfrac{-13}{8}\right)$

(3)$(x, y) = (5, -2), (1, -2), (2, -5), (2, -1)$

(4)$(x, y) = (-3, 1), \left(1, \dfrac{-1}{2}\right), \left(\dfrac{3}{29}, \dfrac{23}{58}\right), \left(\dfrac{-41}{29}, \dfrac{-17}{29}\right)$

(5)$(x, y) = (0, 0), (-1, 1), (1, 1)$

§5.6.2【習題 1】　令 $p = x + y, q = x * y$

(1)$(p, q) = (-5, 8), (2, 1)$ 　　(2)$(p, q) = (1, 2), \left(\dfrac{-29}{9}, \dfrac{142}{81}\right)$

(3)$(1, 0), (-4, 5)$ 　　(4)$\{p, q\} = \{6, -5\}$

(5)$(p, q) = \pm(5, 6)$ 　　(6)$(p, q) = (0, 0), \left(\dfrac{4}{15}, \dfrac{1}{30}\right)$

(7)$\left\{\dfrac{3}{x}, \dfrac{-2}{y}\right\} = \left\{\dfrac{1}{3}, \dfrac{-2}{3}\right\}$ 　　(8)$(p, q) = (6, 8), (6, 72)$

(9)$\{p, q\} = \{13, 36\}$ 　　(10)$(p, q) = (4, 3)$

(11)$(x, y) = (10, 8), (-8, -10)$ 　　(12)$(p, q) = (3, 16), (3, 2)$

(13)$(p, q) = (3, 7), (3, 2)$ 　　(14)$(p, q) = (\pm 7, 12)$

(15)$\{x, y\} = \{2, 3\}, \{-2, -3\}$ 　　(16)$(p, q) = (20, 64)$

(17)$(p, q) = (17, 60)$ 　　(18)$\left(\dfrac{\sqrt{5}}{x} + \dfrac{2}{y}, \dfrac{\sqrt{5}}{x} * \dfrac{2}{y}\right) = (6 + 3\sqrt{5}, 18\sqrt{5})$

(19)$\left\{\dfrac{1}{x+y}, \dfrac{2}{x-y}\right\} = \{2, 6\}$

【習題 2】　令 $s = x + y, d = x - y$

(1)$s^2 = 4s - 3, d * (4 - s) = 1$ ；$(x, y) = (2, 1), \left(\dfrac{2}{3}, \dfrac{1}{3}\right)$

$(2)d^2 - 2d - 3 = 0,\ s\,(d-2) = 7\ ;\ (x, y) = (5, 2),\ \left(\dfrac{2}{3}, \dfrac{5}{3}\right)$

【習題3】

$(1)x + y = 7,\ x * y = 12$

$(2)x - 1 + \dfrac{1}{x} = \dfrac{9}{6}\ ;\ (x, y) = (2, 1),\ \left(\dfrac{1}{2}, \dfrac{1}{8}\right)$

$(3)(x, y) = \pm\left(\dfrac{1}{2}, 3\right),\ \pm\left(\dfrac{1}{2}, \dfrac{1}{3}\right)$

§5.7【習題1】

$(1)(x+2,\ y+3,\ z+4) = \pm(3, 5, 7)$

$(2)(y+z,\ z+x,\ x+y) = \pm(5, 4, 3)$

$(3)(y+z-x,\ z+x-y,\ x+y-z) = \pm\left(\dfrac{30}{4}, \dfrac{24}{5}, \dfrac{20}{6}\right)$

(4)兩個相加減去第三個：

$x^2 - (y-z)^2 = 38\ ;\ y^2 - (z-x)^2 = 22\ ;\ z^2 - (x-y)^2 = 10$

化為上一題的解法！

【習題2】

$(1)(yz,\ zx,\ xy) = (2, 3, 5)$ $(2)(yz,\ zx,\ xy) = (15, 10, 6)$

(3)通分，看成(x^2, y^2, z^2)的一次方程（把xyz看成常數）：

$y^2 + z^2 = 3xyz\ ;\ z^2 + x^2 = 4xyz\ ;\ x^2 + y^2 = 5xyz$

$x^2 = 3xyz,\ y^2 = 2xyz,\ z^2 = xyz$

$x = \sqrt{\dfrac{1}{2}},\ y = \sqrt{\dfrac{1}{3}},\ z = \sqrt{\dfrac{1}{6}}$

【習題3】   視t為常數，解一次方程！

$(1)(x, y, z) = (t, 2t, 3t)\ ;\ \left(t = \dfrac{4}{3x - y + z},\ = \pm 1\right)$

$(2)(yz,\ zx,\ xy) = (2t,\ -t,\ -3t)\ ;\ \left(t = xyz = \dfrac{1}{2},\ \text{或}\ (0, 0, 0)\right)$

$(3)(x, y, z) = (6t, 12t, 18t)\ ;\ \left(t = \dfrac{1}{x + y + z},\ = \dfrac{\pm 1}{6}\right)$

$(4)x = y = z = 6t,\ \left(t = \dfrac{1}{x + 2y + 3z},\ = \dfrac{1}{6}\right)$

(5)$(x, y, z) = (6t, 12t, 18t)$ ；$\left(t = \dfrac{1}{x+y+z}, = \dfrac{\pm 1}{6}\right)$

(6)$(x, y, z) = \left(\dfrac{5t}{2}, \dfrac{3t}{2}, \dfrac{t}{2}\right)$ ；$\left(t = \dfrac{2xyz}{15}, = 2\right)$

(7)$(x, y, z) = (4t, 3t, -t)$ ；$\left(t = \dfrac{x^2 + y^2 + z^2}{26}, = 1\right)$

【習題 4】

(1)$x + z = -5, 7$

(2)$z = -5, (x - y = -3, xy = 6)$

(3)$(x, y, z) = (8, -13, 6), (13, -8, 6)$

(4)$(x, y, z) = (1, -1, 2), (-1, 2, 1)$

(5)$(x, y, z) = (-1, 2, -1), (2, -1, 2)$

(6)$(x, y, z) = (1, 2, 1), \left(\dfrac{-5}{3}, \dfrac{-10}{3}, \dfrac{-5}{3}\right)$

【習題 5】　先將 x, y 表為 z 的函數，解出 $z = 3, \dfrac{2}{3}$，再求出 x, y

$(x, y, z) = (1, 2, 3), \left(\dfrac{3}{10}, \dfrac{5}{6}, \dfrac{2}{3}\right)$

INDEX

［索引］

代數是什麼？

INDEX

歐文字母與記號

代數是什麼？

國家圖書館出版品預行編目資料

楊維哲教授的數學講堂：代數是什麼／楊維哲
　編著. 一三版.一臺北市：五南圖書出版股份
　有限公司, 2017.04
　面；　公分.
含索引
I S B N: 978-957-11-9108-9（平裝）
1.數學教育　2.代數　3.中等教育
524.32　　　　　　　　　　　106003672

ZD03

楊維哲教授的數學講堂：

代數是什麼？

作　　　著	楊維哲(313.5)
發 行 人	楊榮川
總 經 理	楊士清
總 編 輯	楊秀麗
副總編輯	王正華
封面設計	莫美龍
出 版 者	五南圖書出版股份有限公司

地　　　址：106 台北市大安區和平東路二段 339 號 4 樓

電　　　話：(02)2705-5066　傳　　真：(02)2706-6100

網　　　址：https://www.wunan.com.tw

電子郵件：wunan@wunan.com.tw

劃撥帳號：01068953

戶　　　名：五南圖書出版股份有限公司

法律顧問　林勝安律師

出版日期　2007 年 10 月初版一刷
　　　　　2013 年 12 月二版三刷
　　　　　2023 年 7 月三版二刷

定　　　價　新臺幣 250 元

原書名：數學怪傑台大教授楊維哲開講：代數